2-1 诞生礼仪——麒麟送子（山西）

2-2 天津婚俗迎亲花轿

2-3 天津婚俗——迎亲

2-4 新疆婚礼习俗

2-5 新疆人生礼仪常送的礼品

2-6 汉族传统婚礼装束

2-7 现代婚礼装束

2-8 云南摩梭族走婚示意图

2-9 山东民间婚庆中堂布置

2-10 四川农村葬礼场面

3-1 北京房山十渡村落

3-2 北京山区村落

3-3 江苏苏州靠水而居的水乡

3-4 藏族村落

3-5 广西桂林壮寨村落

3-6 海南黎族村寨

3-7 海南黎族村寨牌坊

4-1 四川民间春节花会巡游

4-2 北方正月十五元宵灯会1

4-3 北方正月十五元宵灯会2

4-4 北方正月十五元宵灯会3

4-5 北京延庆冰灯节

4-6 洛阳牡丹节

4-7 西南地区春节农村民众到寺院礼佛景象

5-1 北京庙会小吃——棉花糖

5-3 广西少数民族的腊肉

5-2 四川街头小吃

4-8 过春节贴春联

5-4 蒙古族传统小吃

5-5
四川农村喜欢吃鱼腥草

5-7 饮食民俗——怒族风味

5-6
饮食民俗——蒙古族下马酒

5-8 广西桂林特产罗汉果

5-9
北方农村秋冬季有晾晒柿子干的习惯

5-10 四川火锅

6-1
广西红瑶妇女有盘头的习俗

6-2 广西红瑶妇女服饰

6-3
广西红瑶妇女习惯留长发

6-4 惠安女服饰

6-5 广西阳朔渔民装束

6-6 回族少女服饰

6-7 广西少数民族服饰

6-8 白族女子服饰

6-9 白族少女服饰

6 – 10
海南黎族老者服饰及文身

6 – 11
纳西族老年妇女服饰

6 – 12
新疆少女服饰

6 – 13 新疆男女典型服饰

6 – 14 新疆老人及女子服饰

6 – 15 满族儿童服饰

6 – 16 藏族少女服饰

6 – 18 云南摩梭族男子服饰

6 – 17
四川地区老年妇女习惯用黑纱缠头

6-19 蒙古族男子服饰

6-20 藏族男子服饰

6-21 北方妇女儿童传统服饰

6-22 广西少数民族特色背包

6-23 广西少数民族饰品

6-24 各式新疆帽

7-1 安徽民居1

7-2 安徽民居2

7-3 广东民居

7-4 广东民居屋顶装饰

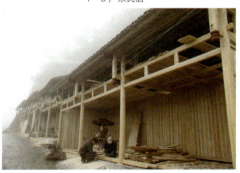

7-5 广西地区民居建筑

7-6 广西少数民族建房上梁习俗

7-7 广西桂林民居

7-8 广西地区农民家有悬挂绣球的习惯

7-9 广西壮寨吊脚楼

7-10 广西阳朔民居

7-12 四川民居2

7-11 四川民居1

7-13 四川民居3

7-14 海南黎族民居1

7-15 海南黎族民居2

7-16 海南黎族民居3

7-17 纳西民居

7-18 云南纳西族寺院建筑——福国寺五凤楼

7-19 山东民居——曲径通幽

7-20 山东民居院落

7-21 浙江民居

观光农业系列教材
民俗概论

7-22 藏族民居

7-23 蒙古族居住的蒙古包

7-24 新疆豪华民居精美的墙面装饰

7-25 甘肃嘉峪关城楼

7-26 甘肃嘉峪关戏楼

7-27 甘肃莫高窟牌楼

7-28 甘肃农村灶屋

7-29 甘肃民居闺房

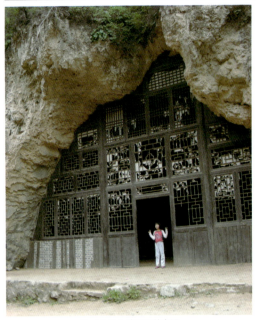

7-32 华北地区天然窑洞

7-30 华北地区农家小院

7-31 华北地区农村灶屋

7-33 四川亭桥

7-34 北京山区古老民居

7-35 福建民间风格的亭子

7-36 天津民居学堂

7-37 门神1（河北武强）

7-38 门神2（河北武强）

7-39 中国传统家具

8-1 生产民俗——铜器制作

8-2 生产民俗——银器制作

8-3 生产民俗——陶器制作

8-4 生产民俗——人工织布

8-5 生产民俗——蜡染

8-6 傣族织布机及民族服装

8-7 生产民俗——黎族织布

8-8 生产民俗——剪纸工艺

8-9 黎族老人织锦景象

8-10 生产民俗——布艺

8-11 生产民俗——藏族夏季牧场

8-12 广西阳朔菜农沿街卖菜

8－13 广西桂林龙脊梯田景观

8－14 广西阳朔渔民生产生活景象

8－15 广西地区农民生活用背篼

8－16 傣族水稻种植工具

8－17 海南黎族生活用具

8－18 海南渔民生活景象

8－19 海南渔民渔船驻港

8-20 四川农村用水牛犁田

8-21 西南地区农村生产习惯用竹编的背篼

8-22 西南地区丝绸生产工艺

8-23 山东农用独轮车

8-24 新疆坎儿井鸟瞰图

8-25 新疆葡萄干晾晒房

8-26 甘肃黄河上漂流的羊皮筏子

8-27 华北地区旧时农村磨粮食用的石碾

8-28 广西农村散养的鸡群

9-1 民间艺术——面塑

9-2 民间艺术——皮影

9-3 民间艺术——藏族佛教画

象脚鼓

9-5 傣族象脚鼓

9-4 天津民间工艺——糖人

9-6 大型龙风筝

9-7 风筝鸳鸯鱼

9-8 风筝蝴蝶杯（陕西）

9-9 年画三星图（江苏）

9-10 年画和合二仙（山东）

9-11 年画——双子戏莲馀

9-12 天津杨柳青年画

9-13 天津杨柳青年画——制版

9-14 天津杨柳青年画——拓印1

9-15 天津杨柳青年画——拓印2

9-16 天津杨柳青年画——上色用具

9-17 天津杨柳青年画——上色

9-18 天津杨柳青年画——多层套色

观光农业系列教材
民俗概论

9-19
浙江民间工艺——糖画

9-20
新疆歌舞

9-21
游艺民俗——纳西族迎客舞

9-22
湖南民间说唱艺术

9-23 纳西舞者

9-24 纳西古乐

9-25 游艺民俗——苗族吃火炭

9-26 游艺民俗——苗族竹竿舞

9-27 游艺民俗——蒙族那达慕

9-28 游艺民俗——布依族舞蹈

9-29 天津民间工艺——布老虎

9-30 民间编织工艺

9-31 纳西文字

10-1 印度服饰

10-2 俄罗斯织锦

10-3 俄罗斯妇女服饰

10-4 泰国皇宫

10-5 泰国皇宫局部

10－7 俄罗斯教堂

10－6 俄式西餐

10－8 俄罗斯农庄

10－9 埃及金字塔1

10－10 埃及金字塔2

10－11 埃及清真寺

10－12 埃及神庙1

10－13 埃及神庙2

10－14 埃及神庙3

10－15 埃及神庙4

10－16 埃及方尖碑

10－17 埃及商贩

10－18 神庙图腾

10－19 神庙清洁工

10－20 澳洲教堂

10－21 澳洲淘金者住所

10－22 墨尔本天主教教堂

10－23 20世纪初澳洲淘金者的马车

10－24 墨尔本街景

10－25 澳洲土著图腾

10－26 澳洲土著器物

10－27 澳洲手工业作坊

10－28 悉尼歌剧院

10－29 西式糕点1

10－30 西式糕点2

10－31 欢庆圣诞节

观光农业系列教材——

民俗概论

主　编　侯芳梅
副主编　宏　梅　马　亮

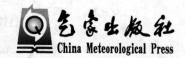

气象出版社
China Meteorological Press

内容简介

本书是高职高专教育观光农业系列教材之一。在借鉴和吸收民俗学最新研究成果的基础上，结合高职高专教育培养高等技术应用型专门人才的要求，全面系统地介绍了民俗的基本理论和基本知识，重点介绍中国当代社会尤其是在乡村人们的生活中存续的优良民俗以及一些虽然已经不再流行，但仍然影响深远、有着重要价值的民俗。同时，对外国民俗作了简要概述。具有较强的实用性。

图书在版编目(CIP)数据

民俗概论/侯芳梅主编.—北京：气象出版社，2010.8
（观光农业系列教材）
ISBN 978-7-5029-5017-0

Ⅰ.①民… Ⅱ.①侯… Ⅲ.①民俗学-中国-高等学
校:技术学校-教材 Ⅳ.①K892

中国版本图书馆 CIP 数据核字(2010)第 135784 号

出版发行:气象出版社
地　　　址:北京市海淀区中关村南大街 46 号　　　邮政编码:100081
总 编 室:010-68407112　　　　　　　　　　发 行 部:010-68409198
网　　　址:http://www.cmp.cma.gov.cn　　　E-mail：qxcbs@263.net
责任编辑:方益民　姚　棣　　　　　　　　终　　审:朱文琴
封面设计:博雅思企划　　　　　　　　　　责任技编:吴庭芳
责任校对:石　仁
印　　　刷:北京奥鑫印刷厂
开　　　本:750 mm×960 mm　1/16　　　印　张:8.25
字　　　数:146 千字　　　　　　　　　　彩　插:12
版　　　次:2010 年 8 月第 1 版　　　　　印　次:2010 年 8 月第 1 次印刷
印　　　数:1—4000　　　　　　　　　　定　价:30.00 元

本书如存在文字不清、漏印以及缺页、倒页、脱页等，请与本社发行部联系调换

出 版 说 明

　　观光农业是新型农业产业,它以农事活动为基础,农业和农村为载体,是农业与旅游业相结合的一种新型的交叉产业。利用农业自然生态环境、农耕文化、田园景观、农业设施、农业生产、农业经营、农家生活等农业资源,为日益繁忙的都市人群闲暇之余提供多样化的休闲娱乐和服务,是实现城乡一体化,农业经济繁荣的一条重要途径。

　　农村拥有美丽的自然景观、农业种养殖产业资源及本地化农耕文化民俗,农民拥有土地、庭院、植物、动物等资源。繁忙的都市人群随着经济的发展、生活水平的提高,有强烈的回归自然的需求,他们要到农村去观赏、品尝、购买、习作、娱乐、疗养、度假、学习,而低产出的农村有大批剩余劳动力和丰富的农业资源,观光农业有机地将农业与旅游业、生产和消费流通、市民和农民联系在一起。总而言之是经济的整体发展和繁荣催生了新兴产业,观光农业因此应运而生。

　　《观光农业系列教材》经过专家组近一年的酝酿、筹谋和紧张的编著修改,终于和大家见面了。本系列教材既具有专业性又具有普及性,既有强烈的实用性,又有新兴专业的理论性。对于一个新兴的产业、专业,它既可以作为实践性、专业性教材及参考书,也可以作为普及农业知识的科普丛书。它包括了《观光农业景观规划设计》《果蔬无公害生产》《观光农业导游基础》《观赏动物养殖》《观赏植物保护学》《植物生物学基础》《观光农业商品与营销》《花卉识别》《观赏树木栽培养护技术》《民俗概论》等十多部教材,涵盖了农业种植、养殖、管理、旅游规划及管理、农村文化风俗等诸多方面的内容,它既是新兴专业的一次创作,也是新产业的一次归纳总结,更是推动城乡一体化的一个教育工程,同时也是适合培养一批新的观光农业工作者或管理者的成套专业教材。

　　带着诸多的问题和期望,《观光农业系列教材》展现给大家,无论该书的深度和广度都会显示作者探索中的不安的情感。与此同时,作者在面对新兴产业专业知识尚存在着不足和局限性。在国内出版观光农业的系列教材尚属首次,无论是从专业的系统性还是从知识的传递性都会存在很多不足,加之各地农业状况、风土人情各异及作者专业知识的局限性,肯定不能完全满足广大读者的需求,期望学者、专家、教师、学生、农业工作者、旅游工作者、农民、城市居民和一切期待了解观光农业、关心农村发展的人给予谅解,我们会在大家的关爱下完善此套教材。

丛书编委会再次感谢编著者,感谢你们的辛勤工作,你们是新兴产业的总结、归纳和指导者,你们也是一个新的专业领域丛书的首创者,你们辛苦了。

由于编著者和组织者的水平有限,多有不足,望得到广大师生和读者的谅解。

本套丛书在出版过程中得到了气象出版社方益民同志的大力支持,在此表示感谢。

《观光农业系列教材》编委会

2009 年 4 月 26 日

《观光农业系列教材》编委会

前　　言

　　本书是高职高专教育观光农业系列教材之一。在借鉴和吸收民俗学最新研究成果的基础上，结合高职高专教育培养高等技术应用型专门人才的要求，全面系统地介绍了民俗的基本理论和基本知识，重点介绍中国当代社会尤其是在乡村人们的生活中存续的优良民俗以及一些虽然已经不再流行，但仍然影响深远，有着重要价值的民俗。同时，对外国民俗作了简要概述，具有较强的实用性。

　　本书既适合作为观光农业、旅游管理、生态旅游等专业民俗与旅游课程的教材，也适合其他专业师生及旅游从业人员、旅游爱好者、民俗文化爱好者阅读参考。

　　本教材由北京农学院部分师生参与编写，分工如下：第一章、第二章、第三章、第六章由侯芳梅编写；第四章、第七章由侯芳梅、宏梅编写；第五章、第八章、第九章由马亮编写；第十章由宏梅编写。田爽、杨晶晶参与了部分书稿的打印工作。

　　本书在编写过程中参考了不少专著和教材，北京农学院的很多老师为本书提供了珍贵的照片。同时得到了编委会的大力支持和气象出版社方益民编辑的鼎力相助，在此一并表示深深的感谢。

　　由于时间仓促，编者水平有限，书中疏漏之处在所难免，敬请专家和读者批评指正。

编者

2009 年 12 月

目　录

第一章　民俗基本知识

第一节　民俗的概念与分类

一、民俗的概念

1. 民俗

民俗一词在我国自古有之,《荀子·强国》中有"入境,观其民俗",《管子·正世》中有"古之欲正世调天下者,必先观国政,料事务,察民俗",《史记》中记有"楚民俗,好庳车"等。古文献中提到的"民俗"一般是指民间习俗,百姓习尚。

民俗作为现代民俗学上的一个术语不同的学者有不同的阐述。《中国民俗学》著者乌丙安将民俗定义为:民俗是世代传习下来的、同时继续在现实生活中有影响的事象,是形成了许多类型的事象,是有比较稳定形式的事象,是表现在人们的行为上、口头上、心里上的事象,是反复出现的深层文化事象。《民俗学概论》著者陶立璠认为:民俗是一种悠久的历史文化传承,是一种相沿成习的东西,简言之,就是民间风俗。

民俗概念可综述为:民俗是在人类历史的发展过程中,一定的群体为适应生产实践和社会生活而逐渐形成的一种程式化的行为模式和生活贯制,以民族的群体为载体,以群体的心里结构为依据,表现在广泛而富有情趣的社会生产与生活领域的各个方面,是一种集体性的文化积淀,是人类物质文化与精神文化的一个最基本的组成部分。它创造于民间,传承于社会,并世代延续承袭(巴兆祥,2006)。

2. 民俗学

民俗学是研究民俗的科学,作为学科门类概念,民俗学是于近代由国外传入我国的。1846 年英国民俗学会创始人之一、考古学家汤姆斯创造了"Folklore"一词,后来通行的翻译即是"民俗"。1878 年,英国伦敦成立的"Folklore Society"翻译为"民俗学会",是世界上第一个民俗学学术机构。19 世纪末,欧美学术界普遍用"Folklore"作为学术学科名称,即"民俗学"。"Folklore"一词传入我国是在 1874 年,英国学者德尼斯在《中国评论》上发表民俗学术论文,同时传入了这个名词,但并没有引起中国学术界的注意。后来东渡日本留学的周树人(鲁迅)、周作人兄弟,关注民俗学研究,并较系统地接受了西方和日本民俗学的熏陶。周作人在 1913 年发表的《儿歌之研究》中首先使用了"民俗学",1922 年在北京大学创办《歌谣周刊》,在《发刊词》中用了"民俗学"一词,从此"民俗学"作为一个学科名称,逐渐受到了关注。20 世纪初以来,许多专家学者投入到民俗学的研究中,如蔡元培、李大钊、胡适、刘复、钱玄同、顾颉刚、钟敬文、江绍原、杨成志等,为中国民俗学的研究奠定了基础,并做出了重要贡献。

二、民俗的分类

民俗的研究范围和对象非常广泛,不同的学者对民俗的分类也有不同的见解。大多数学者都认为可以将民俗分为四大类,即经济的民俗、社会的民俗、信仰的民俗和游艺的民俗。

1. 经济的民俗

经济的民俗也称为物质民俗,是指人们在生产、交换和消费等过程中所产生的民俗,主要包括物质生产民俗、交易和运输民俗、饮食民俗、服饰民俗、居住民俗等。

2. 社会的民俗

社会的民俗是以家庭、亲族、村镇、社会结构、生活礼仪等为主要内容的民俗。一般又分为人生礼仪民俗,家族、亲族民俗,乡村、都市社会民俗,岁时节日民俗等。

3. 信仰的民俗

信仰的民俗也称精神民俗,主要指信仰、伦理道德方面的民俗,包括大自然信仰(天、地、山、水等神灵信仰,动植物信仰,图腾)、祖灵信仰等。

4. 游艺的民俗

游艺的民俗是指民间以娱乐为目的的传统的文化娱乐活动方面的民俗,包括民间文学、民间艺术、游艺竞技等民俗事象。

民俗的上述这些类别之间,并不是截然分开的,而是相互联系,甚至相互制约与相互促进的。随着社会的发展与进步,民俗的内容也在不断地变化和扩展,民俗对社会的作用尤其是对旅游业发展的贡献将会更大。

第二节　民俗的形成

自从有了人类活动,就有了民俗。同时任何一个民族的民俗事象的产生、发展以及传承都离不开当时的历史背景、政治环境、经济基础、人文地理、文化传统等因素,所以民俗形成的原因是多方面的,是逐步演变的。决定和影响民俗产生和发展的因素可归为以下几种:

一、政治原因

政治是上层建筑的重要组成部分,它对上层建筑中的其他部分及对经济基础起着重要作用。民俗的形成、流变与消亡,许多情况是由于政治的原因。当人类进入阶级社会以后,统治阶级为了达到政治目的,一方面采取愚民政策,一方面采用压制手段,使民俗适合自己的需要。民俗事象中历来存在着"上以风化下"的内容,官方利用政治优势来推行、强化、改变甚至禁止某些风俗,根本目的是为巩固其统治。我国封建社会中,从婚丧嫁娶、社交礼仪以及生产、生活中的各种信仰及禁忌,都充满了不同历史时期封建统治阶级的思想意识。

二、经济原因

在人类社会发展的过程中,经济基础决定着上层建筑。属于上层建筑的民俗,它的形成、流变与消亡总是受经济基础的制约。经济基础对民俗尤其是"物质的民俗"常常起着决定作用。同时经济和生产力的发展,特别是科学的发达和普及促使鬼神信仰等精神民俗的流变与消亡成为自然。

三、地域原因

"十里不同风,百里不同俗",由于各地自然生态环境、文化环境、经济条件不同,形成的民俗也就存在差异。就居住而言,生活在我国西北黄土高原的人们习惯住窑洞;生活在西南地区的人们,由于气温高,天气潮湿,喜欢住通风舒适的吊脚楼;北方的游牧民族则喜欢居住容易搬迁的"蒙古包"。居住地域、生活方式和生产方式的不同,使得不同地域的人们在居住、服饰、婚丧、交通、饮食等方面的民俗各不相同。

四、宗教信仰原因

宗教信仰或民间信仰对一个民族民俗的影响非常深刻,很多重要民俗都是由原来的宗教仪式演变而来的。在生产力比较低下的时代,人们对自然界的依赖性很大,对许多自然现象无法解释,于是人们对天地、日月、星辰、雷电等自然物或自然现象产生崇拜,并进行祭祀活动,久而久之便演变形成了很多民俗。另外,中国的许多民俗都源于"天人合一",而西方的许多民俗则源于"神人合一",这也是信仰不同使然。

第三节　民俗的特征

民俗的特征有内部特征和外部特征两个方面。内部特征也称内在特征,是民俗事象本身内在的属性所显示出的特征;外部特征也称外在特征,是民俗事象在时间、空间以及发展活动中显示出的特征。这两方面的特征结合起来便构成了民俗的整个特征。进行民俗学的学习和做民俗调查研究,就要充分了解民俗的特征。

一、民俗的内部特征

民俗的内部属性大体上归纳为民族的区别、阶级的差异、全人类的共通性三个特征。

1. 民族的区别

民族的区别是民俗的重要属性之一。它既是指同一类民俗事象在不同的民族中所具有的不同特点而言,又是指不同民族生活中有不同的民俗事象在世代传承。这个特征是在各民族物质生活与文化生活的发展中自然形成的。民俗总是受到民族经济生活、民族社会结构、民族心理、信仰、艺术、语言等文化传统的多方面制约,形成了民族民俗的特点。在进行民俗调查研究时,要重视民俗的民族性。

2. 阶级、阶层的差异

民俗事象中所显示的阶级的差异,是民俗的重要社会属性之一。人类社会的民俗事象是从整个民族文化积层世世代代传袭发展来的。在一个民族内部,各个阶级都要生育、结婚、死丧,都要有衣、食、住等消费习俗,也都要过传统的各种节日,遵守本民族的传统信仰,这是各个阶级的民俗共通性。同时在共有的民俗惯制中,存在着明显的阶级差别,这种阶级差别除了经济地位与手段的不同、民俗形式的繁简程度不同外,还有的存在对立性质。例如《白毛女》中过大年的习俗是从黄家向杨家逼债展开的,黄家的年夜饭与杨白劳家用仅有的 2 斤面包饺子的差别,也正标志了两个阶级除夕习俗的差别。

3. 全人类的共通性

全人类的共通性是民俗具备的十分广泛而深刻的属性。各个民族的民俗在形成过程中,都有许多相似相近的因素,也都是人类文化发展的结果。它们往往具有人类共通的深刻内容。例如古老的原始信仰,为人类共通的信仰习俗奠定了基础,如对大自然的崇拜,对火的崇拜,具有全人类的广泛性。同时,在各民族文化交流与传播过程中,由民族化逐渐被转化为国际化的民俗事象越来越多。人类的交往,越来越趋向于习惯度过全世界共同的节日。在国际文化交往日益频繁深入的今天,人类共通的习俗惯例,必将不断形成现代化形式。

二、民俗的外部特征

民俗的外部特征是指在不同的时间或空间及其活动过程中显示出的民俗事象的特点。主要表现为历史性特征、地方性特征、传承性与扩布性以及变异性特征等。另外关于各种民俗事象的传播特点及复合多重特点也都是以上这些特点派生出来的。

1. 历史性特征

在时间上,民俗的特征是以历史时代的特色为标志的,这种特定历史中构成的民俗特征称为历史性特征。在我国长期封建统治下,民俗的历史面貌呈现出一种相对稳定的保守状态,同时,由于朝代更迭、民族交往、生产发展等政治、经济因素的影响,各个阶段也会显示出不同的历史特点。各种习俗都打上了相应的历史印记。像我国的服饰,唐代以宽松肥大为主,经过了五代,到了北宋、南宋时代,已经有了较大历史变化,基本上由宽肥趋于窄瘦了。清代到民国时期我国一般商人、乡绅的典型男装以长衫、马褂、圆顶瓜皮帽为主要特征,新中国成立后才逐渐被淘汰。日常礼仪中,旧时代的叩头跪拜,打千请安,作揖拱手等礼节,随着新时代的变革,逐渐被鞠躬、握手等新礼节所取代。

做民俗考察与民俗研究时一定要注意民俗的历史特征,重视不同历史阶段的差异性。

2. 地方性特征

在空间上,民俗的特征是以地区特色为标志的,这种特征也可以叫做地理特征或乡土特征。民俗的地方性具有普遍意义,无论哪一类民俗事象,都会受到一定地域的生产、生活条件和地缘关系所制约,都不同程度地染上了地方色彩。比如食俗,我国民间常说"南甜、北咸、东辣、西酸",虽不大准确,但却大致反映出饮食习俗的地区特点。许多名牌产品也以地方性为标志,如贵州茅台镇的茅台酒、四川泸州的老窖酒、北京牛栏山的二锅头酒,北京全聚德的烤鸭、山东德州的扒鸡等,地方性十分鲜明。民俗地方性特征的形成,与各地区的自然资源、生产发展及社会风尚传统的独特性有关,产竹地区与产木地区的扁担,自然形成竹、木两种类型。由于民俗具有十分浓郁的乡土气息,所以民俗志成为地方志或乡土志的重要内容。着眼于民俗的地方特色,把本乡本土的风俗习惯及其由来与发展认真地科学地记录下来,对研究民俗、促进当代移风易俗都有现实意义。地方性特征是民俗的重要标志。

3. 传承性与扩布性

民俗在其活动过程中显示出一定的运动规律,传承性与扩布性即是民俗发展过程中显示出的具有运动规律性的特征之一。

在民俗事象的存在和发展中,传承性是一个主要特征,它具有普遍性。民俗是世代相传的一种文化现象,在其发展过程中有相对稳定性。好的习俗以其合理性赢得广泛的承认,代代相传,不断地继承下来,给人类社会的进步带来积极影响;恶习陋俗也往往以其因袭保守的习惯势力传之后世,给人类社会带来巨大的灾难或沉重的压力。例如岁时节日习俗,除夕辞岁的年祭和吃团圆饭,农历正月十五的元宵灯会和吃元宵,三月清明节的祭祖扫墓与踏青郊游,五月初五端阳节的菖蒲艾叶、赛龙舟及吃粽子,八月十五的中秋节赏月和吃月饼等都是传袭了千年以上的岁时习俗。再如某些丧葬习俗,尽管充满了迷信色彩的形式和手段,但许多也传承了几千年,至今仍在许多方面盛行。这些都表明民俗本身具有鲜明的传承特征,即使民俗事象有了某些改变,也可以找到这种传承特点所显示的继承与发展的脉络。了解和掌握民俗传承性这种传袭与继承的活动特点,可以帮助人类更好地找出移风易俗的新路。

民俗的传承性在发展过程中,呈现出不平衡状态。在经济文化发达的民族、地区,这种传承性处于活跃状态,在继承发展中显示了这种传承性;在经济文化发展处于停滞、落后的民族、地区,这种传承性处于休眠状态,以它固有的因袭保守形式显示了这种传承性。在当代民俗调查中,对传承性特征的认识,只能在民俗的发展过程中去获得。

民俗的扩布性是民俗在空间上的横向传播过程。一定地域、一定民族的民俗会随着不同地域、不同民族的相互交往(如婚姻、迁移等)而向外扩散。例如中国的春节等风俗在唐宋时期就影响到了朝鲜、日本、越南等邻邦。在现代,随着国际经济文化的交流日益频繁,春节等风俗不仅在华人社会有着广泛的影响,而且已经超出了华人社会。另外许多产生于我国中原地区的民俗如岁时节俗、一些民间文艺活动、少林武术、陈家沟太极拳等等,因当时中原政治经济的中心地位和地理位置可以便利地传向四面八方,从而较深刻地影响了我国其他地方的民俗。再如西方饮食文化中的麦当劳、肯德基等传入我国后,逐渐被我国大中城市市民所接受,并融入了我国饮食文化的内容。民俗的扩布性形成了多元民俗文化的相互间的碰撞、吸收和发展。

4. 变异性

变异性是与传承性密切相联系、相适应的民俗特征。它是民俗发展过程中显示出具有运动规律性的另外一个特征。它同时又与历史性、地方性特征有广泛联系,标志着民俗事象在不同历史阶段、不同地区的流传所出现的种种变化。

民俗的传承性与变异性是两个矛盾统一的特征,是民俗发展过程中的一对连体儿。民俗的传承性,不是原封不动的代代照搬、各地照办、毫不走样,而是随着历史的变迁,不同地区的传播,从内容到形式或多或少有些变化,有时甚至是剧烈的变化。只有传承基础上的变异和变异过程中的传承,绝没有只传承不变异或一味变革而没有传承的民俗事象。

例如,从我国解放前的清明祭祖上坟,到解放后祭扫烈士墓,在清明节日传承中表现出许多变异;再如从古代婚礼用五谷杂粮撒向新娘,做驱邪祝吉仪式,到当代用五彩纸屑撒向新娘以致庆贺,同样也可以看到古代信仰、礼仪在传承过程中的变异轨迹。这种变异性特征在民俗发展中,大多是在自发状态下自然而然形成的。同时人为的有意识的改革,只要为人们广泛承认和接受,也可以形成民俗的变异。我国历史上运用政治手段采集民风、改革习俗的事例是很多的。像古代六朝时太原地区寒食节冷食习俗长达百日以上,造成疾病伤亡,危害严重,皇帝下令革除,改禁火三日。我国长久以来,汉族盛行的表亲(近亲)婚,得不到革除,现在由新婚姻法规定下来,禁止近亲配偶,用科学与法制反掉了恶俗。因此,不可把变异性的自发形成强调到绝对的程度。但是,人为的变异是有条件的,是从民俗中有意引导出来的,是符合社会前进方向和民心所向的,绝不可以把变异性理解为任何人都可以以个人意志强行改变习俗。

变异性是移风易俗最可运用的特征,既要继承优良传统,又要革除旧习陋俗,这便是这一特征的积极意义。运用变异性的科学规律,积极推动旧俗向新俗转化,删繁就简,推陈出新,使民俗中许多事象逐渐从落后变为进步,从愚昧变为文明。

民俗的特征之间都有联系性,因此在进行民俗调查研究过程中,要多侧面、多角度去认识,才能较科学地形成考察民俗的纵横观、面面观,找到科学可靠的方法。

第四节　民俗的社会功能

民俗具有广泛的社会基础,在社会生活与文化中占有重要的地位,民俗又具有很强的时代性,在人类社会发展的过程中起着承前启后的作用。民俗以其独特的魅力,有着多方面广泛而强大的社会功能,发挥着巨大的社会作用。

一、民俗的社会维系功能

民俗是世代传承的事象,在传承过程中,统一人们的思想和行为,使社会保持稳定,使社会成员保持向心力和凝聚力,并以约定俗成的力量约束着每个社会成员的行为,这就是民俗的社会维系与规范功能。这种功能的强制性随着社会的发展和法制的完善而逐渐弱化,在现代社会中更多地表现为一种潜在的、深层的、持久的非强制性作用。这种作用是一种无形的力量,让人们愿意自觉地去遵守,或者潜移默化地让人们以无意识的习惯性思维或者活动去遵守,形成相同或相似的思维方式或价值观念,从而成为一种群体的标准模式或集团标志。

二、民俗的教育功能

在民俗的作用下,人们会在思想、品格、气质等方面潜移默化地朝着一定的方向发展变化。这就是民俗的教育功能。体现道德准则的民俗,教育功能尤为明显。民俗的教化作用教育培养了人们尊老爱幼、大公无私、热情好客、乐于助人等美德。我国各民族的民间良俗良风,民间艺术的惊人创造,在任何时候都能够成为鼓舞广大人民奋发向上的力量。民俗能够培育民族精神,增强民族认同感和自豪感,产生强烈的爱国之情。统治者常利用民俗的教育功能巩固其统治,人们也往往树立代表自己道德观念的偶像,教育世人。

三、民俗的娱乐功能

民俗的娱乐功能指民俗能对社会成员心理产生快乐和愉悦的调剂作用。民俗的娱乐功能,最集中地体现在节日、婚礼等带有喜庆色彩的民俗中。如闹新房的民俗从我国汉代就已经有了。祭祀之俗也常体现出娱乐功能,有的祭祀本身便带有娱乐性质,有的是祭祀为娱乐创造了条件。至于竞技、游艺、博戏(赌博一类的竞技)等民俗,其本身就是娱乐活动。而神话、传说、民谣、民歌、民间戏曲等则是人们精神层面的娱乐与享受。由此可见民俗的娱乐性包含了丰富的内容。各民族的民俗文化,不仅是各族人民智慧的结晶,它同时供人民享受和利用,所以在众多的民俗事象中,传承于民间的大部分民俗活动,都带有极其浓厚的娱乐性质。

四、民俗的实用功能

民俗的实用功能指它在日常生活中对社会生产、生活能起到的较直接作用。社会民俗中的礼仪惯制是法律的基础和补充,人们经常用它来规范言行礼仪、调和人际关系、调适群体生活。法律也尊重民俗中的惯制。民俗中带有科学性的部分,也具有实用功能。如许多预测天象或农作物收成的民俗多数较灵验,可作为天气预报的参考。民俗的实用功能还表现为某些民俗的广告功能。如商店、商标的名称、装饰;一些特产的传说等都有广告功能。

五、民俗的旅游功能

　　旅游既是一种经济行为,又是一种认知文化的文化创造。民俗文化是重要的旅游资源,能丰富旅游活动,提高经济效益。民俗与旅游有着密不可分的联系,可以相互促进。以民俗为内容,开展各种旅游活动,已经成为世界旅游的一大热点。

　　民俗旅游属高档次的文化旅游范畴,是指旅游者为异域或异族独具个性的民俗文化所吸引,以一定旅游设施为条件,离开自己的居所,前往旅游地(某特定的地域或特定的民族区域),进行民俗文化消费的动态过程的复合体,是人类文明进步所形成的一种文化生活方式。

　　民俗文化的差异性吸引着旅游者离开自己的居住地去感受异地的民俗风情,享受一种完全不同的文化。旅游地的民俗文化成了旅游者观赏的重要内容。民俗反映了旅游地的历史,体现了旅游地的文化和社会生活,游览旅游地的民俗,能够扩大旅游者的知识视野,增加旅游的乐趣。

　　与此同时,旅游促进了民俗文化的传播与交融。旅游者亲身体验了异地异族的民俗文化,旅游接待地也借机传播了自己的文化。游客无意中就充当了民俗文化交流使者的角色。值得重视的是,旅游还促进了民俗文化的保护和发展。当民俗文化成为重要的旅游资源之后,要求人们进一步加强对原有民俗文化资源的发掘、整理、保护与研究开发工作,使那些最具民族特色的文化瑰宝世代相传。这些积极的举措,在很大程度上促进了民俗文化的进一步发展。

第二章　　人生礼仪民俗

　　人生礼仪民俗是社会民俗事象的重要组成部分，是民俗学研究的重要内容。人生礼仪是指人在一生中几个重要阶段上所经历的不同的仪式和礼节。人生礼仪是将个体生命加以社会化的程序和阶段性标志。主要包括诞生礼、成年礼、婚礼和葬礼。此外表明进入重要年龄阶段的祝寿仪式和一年一度的生日庆贺举动，也可视为人生礼仪的内容。

　　人生仪礼既是社会物质生活的反映，也表现了一个民族的心理状态。人生礼仪在实践时往往与信仰民俗发生极大的关联，仪式所包含的社会特征与信仰特征交织在一起，形成复杂、多样的民俗结构。

第一节　　诞生礼仪

　　广义的诞生礼仪指求子至周岁的一系列礼仪。狭义的诞生礼仪指婴儿出生后的庆祝活动。

一、求子习俗

　　中国的传统观念里有"不孝有三，无后为大"。这使得中国社会对求子习俗历来很重视。求子习俗，自古有之，是婚后不孕的夫妇为了达到怀孕的目的而向神祈祷、实行巫术等仪式的民俗。

　　向神灵祈子是最普遍的一种求子方式，小说、戏剧中有关的情节很多。民间虚造有主管生育的神灵、偶像，如送子观音、碧霞元君、金花夫人、子孙娘娘、张仙等，并为之立庙建祠。还有的地区认为某些山岳之神等有保佑人生子的神通。

　　另外一类常见的形式是由亲人或特殊人物向盼望得子的家庭及妇女本人做出象征性的"送子"举动，即旁人送子习俗。首先是送去某种食物，据说妇女吃了可以很快受孕，如贵州中秋节有偷瓜送子的风俗。其次是送去带有多子多孙意义的某些吉祥物，常见的有"麒麟送子图""孩儿灯"，用口袋装好的百谷、瓜果等。

　　此外，民间还有许多求子的习俗。如：北京等地，旧时元宵节妇女出游，有到城门口摸城门上钉的习俗，就叫"摸钉"，"钉"同"丁"，这也是取宜男之兆。还有的地方有照井求子、投石求子的风俗等。

二、生育习俗

　　生育习俗包括两个部分，一个是"育"，一个是"生"。

　　"育"是指妇女从受孕到生产的过程，人们常把怀孕称为"有喜"，这段时间，妇女被看作是一个非常的社会成员，需要遵守各种各样的禁忌和礼仪。许多禁忌和礼仪属于早期"胎教"的范畴，如孕妇应多听优美平和的音乐，不能听暴烈、忧伤、悲愤的音乐，应多听美言，不要听恶言或思想内容不健康的言论等。在饮食方面较常见的孕妇禁忌有：不许吃公鸡、螃蟹、兔肉等不利于孕妇和胎儿的食品，有病用药就更要注意。

　　"生"的民俗一方面是指在分娩的时候孕妇的生育方式，另一方面是指孩子诞生以后的各种礼仪。

　　旧时孕妇的生育方式习俗带有地方特色。如山东黄县一带多让产妇坐在盆上生，谓之"临盆"，在蒙阴等地多在床前铺上麦秆和谷草上生，谓之"落草"等。

　　诞生礼仪是人一生的开端礼。在人生众多礼仪中占有重要位置。包括生命降生仪式："洗三"，进入人群仪式："满月"，预卜前程的仪式："周岁"等。

　　"洗三"是我国汉族一般在婴儿出生之后第三天举行的庆贺仪式，也叫做"三朝"。"洗三"的习俗起源很早，唐代就开始流行，司马光在《资治通鉴》中说唐代"洗三"风俗："上闻后宫欢笑，问其故，左右以贵妃三日洗禄儿对。上自往观之，喜，赐贵妃洗儿金银钱。"宋代此俗已十分盛行。因为"洗三"有某种卫生防病作用，所以在今天的很多地区仍然盛行。"洗三"时多用艾叶、花椒等中草药熬煎热汤，由一位全福的妇女为婴儿擦身，认为这样做可以洗去婴儿胎带的一些污气，并以此驱灾避瘟，预示着婴儿完全脱离母体，自己开始新的生活。很多地方边洗还要边唱喜歌，预祝婴儿顺利成长，成人之后能够读书做官，出人头地。

　　满月在古时又称弥月。满月仪式是所有诞生礼仪中最为重要的。产妇在生产后的一个月内不能做事，不能出门，叫做"坐月子"，这期间婴儿不能被抱出户。到了一个月，婴儿已经可以适应离开母亲的环境，所以在婴儿满月时父亲就会为其举行庆贺仪式，许多亲友都来参加宴会，并且由舅舅主持剃掉胎发，然后抱着婴儿走街串巷见见街坊邻居，据说这样可以使婴儿将来不怕生人。满月不只是庆贺孩子的诞生，更是小孩子与家里的宾朋相见,让其被亲戚接纳而融入社会的契机。一般满月所收的礼物较生日为多,所以一些农村有"穷生日,富满月"的谚语流行。

　　配戴长命锁。满月时亲友所送的诸多礼物中,长命锁是必不可少的。"男子生弥月或周岁,辫红线锁带之。"(乾隆:《大同府志》)民间的说法一般是男孩子才带长命锁,由姥姥制作,刻有"五世"字样或各种图案缀在下面。以后每年生日那天,由奶奶再裹上一层,一直到 12 岁仪式完毕。下锁之后将锁上的红布圈挂在最高处,譬如最高的树上,一般是在端午节赶庙会时挂到山中的松树之巅,以示成年之后的孩子能有出息,有远见,位在众人之上。

　　在人的诞生礼仪中,百天与周岁礼仪也是重要的内容,因其形式与内容和满月差不多,在此不作过多赘述。"周岁"除了宴请宾客之外,这一天还特别举行检验小孩子天赋和卜测未来前途的"抓周"仪式。孩子的身边摆放着各种物品,具有某些象征意义,任由孩子抓取,以判断孩子未来的志趣,寄托了父母对于子女的某些希望。关于这个仪式《红楼梦》第二回"冷子兴演说荣国府"一段中有提到宝玉"抓周"的情节。今日许多地方的"抓周"更加入了一些具有时代意义的物品。通过这种习俗的变化,我们可以看到社会的变迁。

第二节　成年礼仪与婚姻礼仪

一、成年礼仪

　　成年礼仪是为承认年轻人具有进入社会的能力和资格而举行的人生礼仪。

　　随着孩子的渐渐长大,他(她)在社会中的位置也就日益稳定地确定下来,其中从儿童到成人是一个重要的转折点,这个转折点的标志就是成人仪式。成人意味自己能够对自己的行为负责;可以结婚建立家庭;继承父业延续后代。在世界上许多原始民族中,成年礼仪是一个人由个体走向社会的一道必不可少的程序,有的过程十分隆重而且带有考验的性质,我国一些少数民族的成年礼仪还有比较明显的保留。

　　历史上,汉族人的成年礼仪一般是男子 20 岁行冠礼,即在男子 20 岁时,由主持仪式者为男子戴三次帽子,称为"三加",分别为"缁布冠"(黑布做的帽子)、"皮弁"(皮做的帽子)、"爵弁"(据说是没有上缝*的冕,色似雀头赤而微黑,用于祭祀),象征冠者从此有了治人的权利、服兵役的义务和参加祭祀活动的资格。传统冠礼中还有"命字",即由嘉宾为冠者取新的字号,冠者从此有了新的名字。女子在 15 岁时要行笄

————————
　　*　缝(音延),古代覆在冕板上的布叫缝。

礼,但是规模比冠礼要小得多。主要是由女性家长为行笄礼者改变发式,表示从此结束少女时代,可以嫁人。成人仪式后的孩子,家长便不再把他当做小孩,开始按成人要求孩子。此后,如果是男孩,便开始为他积攒一些钱物以备结婚之用,如果是女孩,则开始准备嫁妆,等待出嫁。

今天,由于时代的变迁和社会的进步,传统的人生礼仪习俗也在发生缓慢的变化,有些仪式已经日益变得简单或者不那么重要了,很多地方成年仪式仅是请亲朋欢宴一次,告诉孩子已长大成人就行了。现代社会中,18 岁往往是一个人成年的标志,成人之后便有了法律上的权利与义务,有了选举权,也有服兵役的义务。

二、婚姻礼仪

1. 婚姻释义

古书中,婚姻有二义。一是嫁娶。《毛诗·郑·丰·序》孔疏云:"论其男女之身,谓之嫁娶;指其好合之际,谓之婚姻。嫁娶、婚姻,其事是一。"二是亲家。《尔雅·释亲》:"婿之父为姻,妇之父为婚……妇之父母,婿之父母,相谓婚姻。"又,妻之父亲亦可称姻。有婚姻关系的亲戚,谓之姻亲,或云姻戚。姻亲中的同辈,可称姻兄弟,如亲家的雅称可为姻兄弟。婚姻是维系人类自身繁衍和社会延续的最基本制度。婚姻作为民俗现象,其内容主要包括婚姻的形式和婚姻仪礼两个方面。

2. 婚姻的形式

婚姻的形式指婚姻构成的形式。我国的婚俗因社会制度、经济状况、民族传统等的不同,在不同时代、不同地区,存在着许多特殊的婚姻形式。如买卖婚、交换婚、抢婚、服役婚、童养婚、指腹婚、冥婚、入赘婚、转房婚、典妻、不落夫家、表亲婚等等。下面介绍其中的几种。

(1)买卖婚 男子用一定的财物为代价,到其他的部落里,换取女子为配偶,这就叫买卖婚。现在有些地方,买卖婚依然存在。婚礼中,也有买卖婚的痕迹。例如,几乎是古今中外,彩礼在议婚中是普遍存在的。古时候皇帝娶妻子,也要出彩礼。"彩礼"也作"财礼",古已行之矣。聘礼、财礼、彩礼,名称不同而其实则一。

(2)交换婚 两个来自不同氏族的男子,协议互相交换姊妹为配偶,或者互相交换女儿为儿媳妇,有时也表现为两代人之间的交换,这样构成的婚姻方式,就叫做交换婚。后来这种婚姻风俗只是在比较贫困的家庭中实行,为的是节约财礼。现代有些地方"换亲"的风俗就是如此。民俗中认为,换亲不吉利,有"姑娘换嫂嫂,一世烧行灶"之谚语。

(3)抢婚 也叫掠夺婚。这一习俗十分古远,早在氏族公社时期就已经存在,氏族成员之间不许通婚,为了保证繁衍,要结婚的男子,如果既没有足够的钱到其他氏族去买姑娘,自己的氏族也没有姑娘去跟人家换,怎么办呢?那就只好去抢了。一个氏族的男子不得不在天色渐晚的黄昏去偷袭别的氏族,抢走他们的女子作为结婚的对象,因此汉字中"婚"实际上是由"昏"演化而来。今天还有一些僻远或贫穷的地区存在抢婚这一种婚姻形式。

(4)服役婚　没有勇气去抢,或者不愿意去抢,那就只有一条路,就是先到女方家中去服劳役,同时,与那女子成婚。劳役等于是男子向女方支付妻子的身价。等到劳役与妻子的身价相等了,或被认为是相等了,足够了,男子就带上妻子,或许还有他们的孩子,一起回到自己的氏族或家中。这种风俗,主要存在于某些少数民族中,如拉祜族、鄂温克族、苦聪族等。如果男子在女方继承了家产,不回自己的民族或家中了,那就是入赘了。

(5)转房婚　是指长兄亡故,小叔与嫂子结为夫妇,这样使财产、劳力、后代子女都不至于流失。历史上许多少数民族都盛行转房婚,如历史上有名的王昭君嫁给呼韩邪单于,后在单于死后又嫁给单于的长子。

(6)典妻　最为典型的仅仅为繁衍后代而形成的婚姻。家境富足的男子如婚后无子嗣,就可以出一笔钱,让贫困人家把妻子典当给他,等生育了后代,留下子女,再归还妇人。柔石的小说《为奴隶的母亲》就描绘了这种非人道的婚姻形态。

(7)不落夫家　新娘出嫁后,只在夫家住几天便回娘家长住,与其夫偶尔相会,直至怀孕临产才被接回婆家,这主要是为了鉴别妇女是否具有生育能力。这种风俗在广东、广西、福建惠安一带及某些少数民族地区比较流行。

(8)表亲婚　表亲婚就是男子与其表姐或表妹结婚。"亲上加亲",是旧时民间在谈婚论嫁时所推许的。兄弟姐妹之间在财产继承方面,所享受到的权利,是不公平的,也许在他们心中要有某种不平衡,从这个角度看,表亲婚还可以看成是对上一次财产继承的一种再分配。还有,旧时男女授受不亲,男女交往受到很大的限制。不管是青年男子还是青年女子,接触得比较多的年龄相仿佛的异性,一般总以表亲为多,所以也容易生情。正因为这些原因,表亲婚在我国历史上一直是很流行的,古典小说中也特别多,当然,有时只有以上提到的一两个原因在起作用。我国某些少数民族中表亲婚也曾经很流行。表亲婚不利于优生,现代中国以法律的形式禁止了。

新中国成立后,实行新的婚姻法,过去的许多婚姻陋俗,如指腹婚、娃娃亲、童养媳、结阴亲、纳妾、一夫娶二房等已绝迹,但近年来,婚姻中的大操大办之风仍很兴盛。

3. 婚姻仪礼

婚姻仪礼,即婚礼,是人生礼仪中的一个大礼,旧时权势人家一般沿用"周公六礼",即纳采、问名、纳吉、纳征、请期、亲迎等,后世一般分为议婚、行聘、过庚、迎娶、合卺阶段。

寻常百姓家礼仪虽从简,但也要经过说媒、定亲、送日子、送嫁妆、迎娶等多道程序。送嫁妆、迎娶往往成为有钱人炫耀门庭的时机,大操大办助长了铺张浪费风气。在婚俗中,有不少封建迷信色彩。如合婚批生辰八字、看男女属相是否相克等。旧时"白马怕青牛,羊鼠一旦休;金鸡怕五犬,鸡猴不到头"等说法不知毁掉了多少个幸福的婚姻。

4. 离婚与改嫁

在我国封建时代,离婚叫"出妻"或"休妻"。离了婚的女子,叫"弃妇"或"出妇"。从"弃妇""出妇"等词语就可以看出,离婚与否的权力,全在男子手中,当事的女子,全无主动权。不过,离婚也是有条件的,并不是男子想离就离。这条件就是"七出"和"三不去"。"七出"是从正面提的,"三不去"是从反面提的。一个做妻子的,"七出"中占上一条或一条以上,而"三不去"中一条也没有占上,丈夫就可以与她离婚。所谓"七出",即:无子、淫佚、不事舅姑、口舌、盗窃、妒忌、恶疾(见《仪礼·丧服》),这"七出"中的条款,完全是从维护封建家长制和封建夫权出发的,对女子是极不公正的。"三不去"算是对妇女权益的保护,对丈夫作些限制,"虽有弃状,有三不去:一、经持姑舅之丧;二、娶时贱,后贵;三、有所受,无所归。"这三条中的任何一条,都是不容易做到的。况且,这三条的保护,也是虚伪的。即使不离婚,夫妻关系也是名存实亡了。

我国自古重妇节,嘉节妇。息夫人被迫失节,终日伤心,以不言相抗争,云:"我以一妇人而事二夫,夫复何言!"张文成《朝野金载》补辑:"卢夫人,房玄龄妻也。玄龄微时,病且死,读曰:吾病革,君年少,不可寡居,善事后人。卢泣,入帷中,剔一目示玄龄,明无他。会玄龄良愈,礼之终身。"

对于女子改嫁,虽然也有人反对,但一般来说,大抵在宋以前不以为非。宋以后,由于理学家的竭力宣扬,才渐以为耻。宋代理学家程颐云,妇人宁可饿死,不可失节。所谓"饿死事小,失节事大"。理学家已经在鼓吹反对改嫁了。明朝就普遍认为女子改嫁为耻辱了。这与明朝崇尚理学有关。到了清代中叶,统治者更是大力反对女子改嫁。明文规定,凡是改嫁的女子,儿孙即使做了大官,也不得请封。可见改嫁的女子,在人们的观念中道德地位低下。

现代民俗中以改嫁为不光彩的观念依然存在,当然现正在以较快的速度消除。丧偶女子,如出于对丈夫的感情等原因,不愿意再婚,当然也是很好的,可以理解的,但丧偶女子再婚,追求自己的幸福,同样是可以理解的,也没有什么不光彩的。

第三节　丧葬礼仪

丧事是人生的终结,丧礼是人生的最后一次礼仪。民间对丧礼看得很重。往往不惜花费大量财力、物力来安慰亡灵。过去各地多实行土葬,葬礼程序繁多。如今普遍推行火葬,丧事从简。有的将死者骨灰盒埋葬土中,说是随土而安,有的将骨灰撒向大海。

死亡是人生旅程的最后一站,但是在以往几千年的历史中,绝大部分人都不认为死是生命的终结,而把它看成是人生旅途的一种转换,即从"阳世"转到"阴世"(冥界)。

我国的丧葬习俗往往被视为将死者的灵魂送往死者世界必经的手续,既要寄托对死者的哀思,又要让死者的灵魂安居于另一个世界,不要在家中作祟,因此丧礼在我国历来是繁文缛节、诚惶诚恐。

丧礼的程序包括:一是断气后要招魂,二是要设床停尸,三是要沐浴、更衣,四是要报丧,五是要大殓。

殓后多种祭奠仪式就开始了,如朝奠、朔望奠以及俗称的"做七"。所谓"做七"是指死者临终之日算起,每过七日设奠一次,直至"七七"结束。最后是选择墓地及葬日,中国人很重视选择墓地及葬日,有专门的风水先生负责查看墓地及选择葬日。而葬俗包括:土葬、水葬、天葬、墓葬、塔葬、树葬、悬棺葬、火葬等。

(本章内容参见彩图 2-1～彩图 2-10)

第三章　社会组织民俗

第一节　家　庭

一、家庭的概念和职能

1.家庭

　　家庭是构成社会的基本单位,被称为社会的细胞。家庭是由夫妻关系和子女关系结成的最小的社会生产和生活的共同体。家庭的规模有大有小。我国封建社会中有不少大家庭几世、甚至十几世同居,不分家。像《红楼梦》《家》中所写那样的大家庭,在封建社会中普遍存在。现代家庭的规模一般要比封建社会中的家庭小得多。若干个血缘关系较近的家庭,谓之家族。

2.家庭的职能

　　(1)经济职能　家庭必须能维持家庭成员的生计;在可能的情况下,力求扩大收入,积累财富。同时家庭作为社会的经济实体,它的经济活动,也对社会经济起作用。

　　(2)延续职能　家庭必须延续家庭的血缘或世系。一个家庭如果丧失了这一职能,就意味着它即将消亡。因此,生儿育女不仅仅是家庭自己的事,也是社会的事,是对社会的发展做贡献。

　　(3)教育职能　家庭的教育职能是教育家庭成员,主要以教育后代为主。包括伦理道德的教育和一般知识、生产技能的传授。另外,还包括为家庭成员,特别是青少年向社会购买教育。

（4）保护职能　家庭要尽可能地保护自己的整体利益,保护每个成员的利益,不让他们受到来自家庭内外的力量的损害。

（5）协调职能　家庭要协调家庭成员之间的关系,包括伦理关系和经济关系等。

家庭的这些职能,使家庭成员之间、家庭之间、家庭与社会之间产生了物质生活的相互依存性,同时也必然产生了精神生活的相互依存性。

二、家庭成员间的基本关系

家庭关系的构成,主要是血缘关系与姻缘关系两种。

1. 血缘关系

血缘关系首先是一种自然属性,存在于父母与子女之间、兄弟姐妹之间、祖辈与孙辈之间等。他们身上所流的血,有相同的来源。血缘关系也有社会属性。虽然子女从父母那里继承了各一半的血统,但是在传统的父系家族中,子女都姓父亲的姓,都以父系血统为依据。在旧式家庭中,兄弟姐妹之间的地位和权利也是不同的,财产继承方面,只有儿子有继承权,女儿没有继承权,或者没有与儿子同等的继承权。家庭姓氏的继承,也只以男性为依据。有些地方兄弟之间,长子在家庭中的地位也比较高,有支配作用,继承的财产也较多。呈现出重父系,轻母系,重男轻女,重长子轻次子等旧俗。

2. 姻缘关系

姻缘关系即婚姻关系、夫妻关系。姻缘关系是一种社会关系,具有明显的社会属性。婚姻是构成家庭、家族并产生亲族的基础。在人类社会中,家庭、家族、宗族的构成与延续,亲族的扩展,都源于婚姻。两个家庭联姻,结成亲族集团,在一定程度或某些方面,共同对社会起作用。历史上,出于政治、经济等原因联姻的例子很多,如"秦晋""朱陈"等都是。在父系家庭中,一般丈夫的地位在妻子之上,即封建夫权。但是夫妻地位的高低也受双方家族力量、感情、能力等许多因素的影响。

血缘关系与姻缘关系是一对矛盾。在传统观念中,血缘关系重于姻缘关系。血缘关系和姻缘关系是联结家庭成员的纽带,有直接联结的,也有间接联结的。

第二节　家族、亲族与宗族

一、相关概念及范围

1. 家族

一般以父系血统为依据,若干个血缘关系较近的同姓家庭,谓之家族。在家族群体中,由于长期共同生活形成了诸如族规、族训、族祀等在家族成员中世代传承、共同遵循的惯制和法规条例。

2. 亲族

亲族一般是由家庭扩展成的社会集团。血缘关系发展出血亲,姻缘关系发展出姻亲。有同姓亲族,也有异姓亲族。

3. 宗族

同一父系祖宗之若干家庭,谓之宗族。宗族之大小,以该宗族父系祖宗之远近和人口繁衍情况而异。若干同一父系祖宗之宗族,组成一较大宗族。若干同一父系祖先之大宗族,组成一更大宗族。一直推到同一始祖之宗族。大宗族内,分为保持上下统属关系的世数不同、大小各异之若干支派,形同封建上层建筑。

4. 亲族的范围

家庭延续扩展,必使亲族无限扩大。因此,民俗中自然形成了有关限制。超出某个范围,尽管是有血缘关系的人之间,或是有姻缘关系连结着的人之间,也不是亲戚关系了。在我国古代,表示亲族关系已有"六亲""九族"与"五服"等。不同文献,对这些概念的解释和界定的范围也有所差别,现摘录如下:

关于"六亲",《左传·昭公二十五年》中以父子、兄弟、姑姊、甥舅、婚媾、姻娅为六亲;《汉书·贾谊传》"以奉六亲"颜师古注引应劭语为父母、兄弟、妻子;《史记·管晏列传》"上服度则六亲固",唐张守节正义为:"外祖父母、父母、姊妹、妻兄弟之子、从母之子、女之子。"

关于"九族",常见有两种界定,一是指父族四、母族三、妻族二。这是异姓亲族。另一种是上至高祖,下至玄孙,即与其人同高祖的所有亲族成员和其人的后代至玄孙。这是同姓亲族。明清法律均以后者为准。

关于"五服",本是丧服,以亲族关系的近远,分别服五种相应丧服:斩衰、齐衰、大功、小功、缌麻。后指亲族范围,即五代,与九族制的后一种相一致。

　　现代亲族范围一般以个人为基点,从血缘关系和姻缘关系两方面推导,在九族和五服范围内排定。

　　从血缘关系推寻血亲,血亲又有直系、旁系之分。直系血亲,以本人为基准,垂直向上推直系长辈四代,向下推直系晚辈四代。即上至高祖父母,下至玄孙、玄孙女。高祖父母之上的直系长辈,则作祖宗。玄孙之后的子孙,还有种种称谓但不常用。旁系血亲分四等,第一旁系血亲:本人兄弟姐妹及其后三代人;第二旁系血亲:父之兄弟姐妹及其后三代人;第三旁系血亲:祖父之兄弟姐妹及其后三代人;第四旁系血亲曾祖父之兄弟姐妹及其后三代人。

　　姻亲亦有直系、旁系之分。直系姻亲包括:直系血亲中晚辈的配偶;配偶的直系血亲中的长辈。旁系姻亲包括:旁系血亲的配偶以及配偶的旁系血亲及其配偶。夫妇在同一亲族中,父子所属亲族不同,兄弟姐妹所属亲族各不同。

　　现实生活中,亲族的范围实际要小一些,但就父系而言,同姓亲族的范围还是比较大的。农村地区的亲族观念要比城市居民浓厚,其亲族的实际范围也要大一些。主要原因是农村同姓亲族多聚族而居,异姓亲族也多相去不远,多来往。城市居民流动性大,亲族成员之间的来往就相对地少了,对宗族、祖先的概念也就比较淡薄。

二、称谓

　　亲族称谓是表示亲族成员之间关系的名称。在我国一般用叙述法,按照男女、辈分、父系、母系、血亲、姻亲、排行等进行称谓。父亲的兄弟有叔伯之分,比父亲年长的称伯父,比父亲年幼的称叔父;父亲的姐妹不加区分,统称姑母。母亲的兄弟、姐妹不加区分,统称舅舅和姨妈。这种称谓方法实际与传统的财产继承有关。我国传统中,男子有继承权,女子起码没有与男子同等的继承权,因此,姑妈与父亲哪个长哪个幼,舅舅、姨妈与母亲哪个长哪个幼都没有关系,而父亲的兄弟,比父亲大的和比父亲小的,就要区分清楚,因为男子有继承权,而且年长者在继承方面有一定的特权。因此,是叔叔还是伯伯,在宗法社会中,不可不分。我国汉族称谓用叙述法。古代文献如《尔雅·释亲》、贾谊《新书·六术》《白虎通·三纲六纪》都有详细的记载,而清梁章锺《称谓录》,录称谓最多,可以借以参考。

　　在欧美及世界上大部分民族的称谓用类分法,这种称谓系统只是将亲族成员按男女、辈分简单分类,不分父系、母系、血亲、姻亲、排行等。例如,一个"uncle",就可以指汉语中的舅舅、伯父、叔父、姨夫、姑夫,总之,亲族中与父亲同辈的男性,这一个称谓就都包括了。实际上,如果不是在特定的场合称呼他们,只能将称谓加上他们的名字来称呼,才不至于混淆。

三、家谱

家谱，是记录家世历史发展的一种人生谱表，也称"宗谱""族谱""家乘""家牒"等。以血亲延续系统为主要内容，源于家世的观念。家世的观念出自于血缘氏族同姓的亲缘性和姓氏标志。在封建社会里，它演变成"血统论"，即"龙生龙，凤生凤，老鼠的儿子会打洞"的陈腐观念。以家庭的贵为贵，贱为贱。为了使自己的后代不忘先祖的业绩，系万世于一牒，家谱便应运而生了。

一般的家谱全名是地方再加上姓氏，这样才能表示有效的范围。例如，《昆山王氏家谱》《东筑塘王氏家谱》等就确切表示出他们是昆山王氏、东筑塘王氏，家谱就记载昆山王氏、东筑塘王氏的事。

家谱的内容和体例，没有一定的标准，但大致包括序言、体例、旧序、宗族源流志、名人志、世系志、族产志、族规志、艺文志、坟茔志等等。其中世系志是家谱的主要部分，用图表加文字的方法，叙述该宗族的世系。世系的叙述以宗族男性成员为依据，内容极为繁富，因此，常分"支"和"派"来进行编撰。

为了使自己的家庭有所依附，旧时各地都有认谱的习俗，称"认谱归宗"。有的是一个家庭，有的是一个村落的同姓人到原住地寻宗认谱。得到认可后要举行隆重的归宗仪式与续家谱的习俗活动。新中国成立后，家谱形式有的演变为家史形式的家庭史实记录。近些年，传统的续家谱活动又有所流传。

第三节　村落和民间组织

一、村落的类型

村落是由地缘关系联结起来的若干家庭的生活与生产共同体。有的村落是由一个家庭衍生而成，形成一村一姓，属同一宗族。有的村落由两个姓氏甚至多个姓氏的家庭组成，这些姓氏之间，有血缘或姻缘关系，这样的村落，叫亲族联合体村落。实际上多数也是由单一家族村落接纳姻亲入村而成。杂姓移民聚居村落，是由移民、流民因地缘关系聚居而成，他们之间后来则很有可能发展为姻亲关系。

村落的职能主要有：维护本村利益；协调本村家庭或成员之间的关系；在生活和生产方面互相帮助；管理共同生活和生产秩序；管理公共财产和公共事业；对社会承担义务。现代村落逐渐减少，但作为生活共同体的居民小区，也有与村落相仿的职能。

二、结义

结义超越了地缘、血缘和姻缘等关系,是一种社会组织。成员间有共同的志向和深厚的情谊。由于志向和情谊不同,结义也有多种类型。有精忠报国的英雄结义,也有杀人越货的盗贼结义;有揭竿而起的农民结义,还有路见不平、拔刀相助的侠客结义等。罗贯中的《三国演义》中有"桃源三结义"就是对结拜兄弟仪式的描写。梁绍壬的《两般秋雨庵随笔》有女子结金兰会的描写。顺德县少女多订为异姓姐妹,少者数人,多者十余人,或相约不嫁,或依次而嫁,或同日而嫁等。当代有小说《五个女子和一条绳子》就是写的这种风俗。

三、帮会

帮会与结义都是一种社会组织,但有所差别。从规模上,结义的规模较小,帮会的规模较大。另外,结义的随意性很大,没有严密的组织和严明的纪律,帮会则组织严密,纪律严明,在约束、管理、体制上,如同封建家族,但更加严酷。帮会性质各异,有政治性的、宗教性的、经济性的,也有的是综合性的帮会。帮会的性质也会发生变化。帮会的产生和发展,最主要的是社会原因。特别是一个帮会发展成一定的规模,社会原因就更加明显。

四、职业集团

职业集团是以技术师承关系联结起来的社会组织。其中的辈分很清楚。同一职业,因师承不同,会有许多集团。一集团又会分成若干个小集团,类似家族的延续、扩大和变化,也有与家庭或家族相联系者,如李家裁缝、泥人张、马氏拉面等。职业集团中,由长辈处理有关职业、技术事宜,协调成员关系,评定成员的资格与能力,主持有关仪式等。很多职业集团,有其独特的信仰、仪式、禁忌等,如信奉祖师等。

（本章内容参见彩图 3-1～彩图 3-7）

第四章　岁时节日民俗

节日就是一种具有民俗意义或者纪念意义的社会性活动的日子,一般有固定的日期,有特定的主题,有群众的广泛参与。

我们常见的节日大致有以下几种:1.传统节日。如汉族的春节、藏族的雪顿节、傣族的泼水节等。此类节日数量最多;2.现代节日。包括我国政府及国际组织规定的节日,如国庆节、三八妇女节、五一劳动节等。也包括一些地方的新兴节日,如上海旅游节、哈尔滨冰雪节、北京桃花节等;3.外来民俗节日。如圣诞节、母亲节、情人节等;4.伟人的诞辰、忌日及国际组织规定的活动日等。

节日是人类社会生活的一种重要文化现象,是人类社会发展到一定阶段的产物。凡是人群居住的地方便有节日,人们对节日已司空见惯。

节日与旅游有着密切的联系。人们喜欢节日旅游,不仅是因为节日期间有较多的闲暇时间,而且还由于节日有着丰富多彩的民俗风情。

本章中主要以中国传统的岁时节日民俗为重点进行论述与探讨。

第一节　岁时节日民俗概述

一、岁时节日民俗的概念

岁时节日是一年当中由种种传承线路形成固定的或不完全固定的活动时间,以开展有特定主题的约定俗成的社会活动日。

岁时是古代人民的时间观念,它依据自然季节的时段,确定相应的人文活动内容,主要是依照季节进行祭祀庆祝等活动;节日是传统文化的载体,它侧重于社会人事活动。每一个岁时节日,都有一套相应的节日习俗系统,并且以年为周期,循环往复。

岁时节日民俗可以定义为:在一年中的某个相对阶段或特定的日子,它在人们的生活中形成了具有纪念意义或民俗意义的社会性活动,并由此所传承下来的各种民俗事象。一般有周期性,有特定的主题,有群众的广泛参与。

岁时节日民俗是一种极其复杂的社会文化现象,是民俗文化的重要组成部分,它蕴涵着博大精深的文化内容,许多与古代科学技术的产生有着密切的关系,表现出一个国家或民族的智慧和风采,是全人类珍贵的历史文化遗产。

二、岁时节日民俗的形成和发展

岁时节日民俗是一种复杂的综合性民俗事象,受到多种因素的影响,它的形成与发展,是一个民族或国家的历史文化长期积淀凝聚的过程。岁时节日的最初形成与自然现象的变化、农业生产生活的活动密切相关,并产生了相应的禁忌、占卜、祭祀、庆祝活动。在以后的发展过程中,受到社会、经济、政治、文化、科技、战争等诸多因素的影响,使之成为人们为了特定的社会生活、事件、人物而采取的纪念方式。节日民俗在传承过程中,不断被各地人民加以诠释,增添新的内容。

1. 节日所处的时空位置的影响

任何节日都有一定的时空位置,"时"是指节日在历法中的日期,"空"是指节日流行地区的地理条件,它们是影响节日民俗构成的基础。节日民俗受到历法的影响,与天候、物候、气候关系密切。例如,清明节插柳、重阳节赏菊是受物候影响的节俗,因为杨柳是春天发芽的树木,菊花是秋天开放的花卉。节日民俗的形成还受到地理条件的影响。端午节划龙舟、吃粽子起源于南方,后来成了全国性的节日,但北方干旱地区限于地理条件,没有流行划龙舟,北方农村没有粽叶,也不能包粽子。北方替代粽子的食物是鸡蛋,端午吃蛋成了北方的习俗。与此相似的是骑马、射箭等北方草原习见的节日民俗,在南方水乡就难以得到施展。

2. 社会生产和生活的影响

我国的传统节日中,有大量反映社会生产和生活活动的习俗,其中生产性的节日习俗涉及农耕、畜牧、渔猎、采集等方方面面,不同的社会生产在节日民俗中留下的印记是不同的。如从事农耕生产的民族,春季有迎接春耕的节日典礼,秋季有庆贺丰收的节日典礼。

社会生活对节日民俗形成的影响是多方面的。我国古代社会,鬼神迷信思想盛行,祭祀占卜、求神拜佛是社会生活的重要内容,因而传统节日中有大量这方面的习俗。古代社会重视人际交往,逢年过节的拜年贺岁、走亲访友,体现社会的世故人情,这都显示了社会生活在节日民俗形成中的重要影响。

3.历史传说与事件的影响

历史传说与事件也是影响节日民俗形成的因素之一。我国的许多传统节日都有历史传说，有的节日传说还不止一个。如端午节的来历，有纪念屈原说，纪念伍子胥说，纪念东汉孝女曹娥说。种种历史传说给节日起源增添了神秘色彩。但民间普遍认为端午节的来源是纪念屈原，于是端午节形成祭屈原祠、在龙舟上挂屈原像等风俗，这显然是在历史传说的影响下形成的。历史事件影响节日民俗形成的例子也很多，比如福建兴化等地，春节拜年不是从农历正月初一开始，而是要迟至初六人们方才出门拜年。兴化人初六拜年的习俗据说形成于明代中期，原因是某一年过年时，兴化遭倭寇屠城，从初一杀到初五。兴化人为了记住这一惨酷的历史事件，改变了原有的传统，形成初六开始拜年的习俗。

4.文化传播的影响

节日民俗很多时候也会受文化传播的影响，通过外来输入的途径建立和形成。一种是通过自然的文化传播形成的节日民俗，如汉族有春节、清明节、端午节、中秋节，许多少数民族因受汉族文化的影响也过这些节日。少数民族的不少节日也有原为一族所有，后通过文化接触，产生相容性，变为数族共有。如火把节就是云南、四川两省的彝族、白族、佤族、纳西族、布朗族等民族共有的节日。这些节日在不同民族间还是存在一些不同之处。另一种传播是人为的，在我国，通过人为途径传播的主要是宗教节日，如小乘佛教节日和伊斯兰教节日。由宗教传播的节日民俗差异性不大，信奉小乘佛教的民族都有泼水节、关门节、开门节等，主要内容都是赕佛、礼佛、听佛爷讲经。上述节日民俗的形成原因在实际情况下往往互相渗透、互相影响，共同对节日民俗的形成发生作用。

总之，岁时节日民俗的由来与发展十分复杂，它往往由多种因子互相渗透、互相影响，共同作用而形成。进入20世纪后，很多被保留下来的古代传统节日民俗为了适应新的社会制度而被"改造"，赋予了新的内容和形式；同时，也出现了一批纪念新的重大历史事件和人物、适应新的社会需要的现代节日，如：国庆节、教师节、植树节等。同时不少社会事业、经贸洽谈、商品展销、旅游观光等活动也常借助"节日"进行，这是在一个国家在发展政治、经济的形势下应运而生的一种文化现象。

第二节　岁时节日民俗的分类

岁时节日民俗按内容和主题可以分为以下几类。

一、农事类节日

农事类节日是指以农、林、渔、猎等生产惯制为标志的节日,是农业生产活动的里程碑。我国的传统节日多数在农业社会中形成,因此以农事活动为主题的节日较多。例如,我国民间四时标志的"四立"和"二分"以及"数伏"和"数九",都是预报农事季节气候的。汉族在立春日举行迎句芒神、鞭春牛的活动,是春播节日仪式等。

二、宗教祭祀类节日

宗教祭祀类节日的范围很广,包括原始宗教影响下产生的节日,也包括人为宗教的节日,是以供奉天帝、祭祀神灵、祭奠祖先亡灵、祈攘灾邪、驱恶避瘟等信仰习俗为主要内容的节日。如我国每年一度的腊月二十三为民间祭灶日;广西龙胜壮族要过农历六月初二的"莫一大王节",这些都属于受原始宗教影响的节日。人为宗教的节日在我国主要是佛教、道教、伊斯兰教节日。佛教节日有浴佛节、涅槃节、中元节、成道节等;道教节日有老君圣诞、玉皇圣诞、蟠桃会等;伊斯兰教节日有开斋节、宰牲节、圣纪节等。

三、庆贺类节日

这类节日的主要内容与单纯的农事生产节、祭祀节、纪念节不同,它以喜庆丰收、祝贺人畜两旺、平安幸福为主题。最突出的是各民族的年节。年节活动的内容非常丰富,主要是围绕纳喜迎福,具有浓郁的庆贺色彩。

四、纪念类节日

纪念类节日的主要内容是追念民族英雄及地方历史上受崇拜的人物、纪念重大的历史事件等。如侗族的林王节,是纪念明代侗族起义英雄林宽;蒙古族的祭成吉思汗陵,纪念蒙古领袖铁木真;锡伯族的"杜因拜专扎坤"节,是为纪念该族清代由东北迁徙至新疆而设立的。这些都是名副其实的纪念类节日。还有一些是由历史传说的附会而产生纪念意义的节日,如端午节纪念屈原,清明节纪念介子推,也可列为纪念节日之列。

五、社交、游乐类节日

社交、游乐类节日的主要内容是通过歌舞游艺活动进行社交往来。这类节日往往以群众集会的形式举行。如大理白族的传统盛会"绕山林"、苗族的爬山节、壮族的歌节、蒙古族的"那达慕大会"等都是很有代表性的社交游乐节日。节日作为一种民俗事象,是一年当中由多种传承形成的固定或不完全固定的活动时间,以开展有特定主题的约定俗成的社会活动日。节日习俗是各项民俗的综合展现。节日的服饰、饮食、家庭活动、礼仪、亲友的社交往来、信仰的诸种仪式、娱乐的多样形式都是节日程序中必不可少的内容。如藏族的林卡节,意为"世界快乐日",过节时,人们穿上盛装,带着酥油茶、青稞酒和各种食品到绿树成荫的林卡(公园)野宴,欢歌曼舞,自娱自乐。

除了以上的分类方法,岁时节日民俗的分类方法还有多种。如按节日性质大致可分为单一性质节日和综合性质节日两类;按规模和影响分为全民性的、民族性的和地区性的三种类型;还可按节日的地域分布、参加者情况、活动方式、时代性等来分。

第三节　重要的岁时节日民俗

我国地域辽阔,民族众多,历史悠久。早在先秦时期,由于祭祀和生产的需要,以及历法的产生,就逐步形成了节日。后来随着国家的统一、历法的定型,许多地方性的节日逐渐演变成全国性的节日,并经久不衰。据统计,中国民间节日大大小小有3 000多个,可见中国是个名副其实的节日王国。下面介绍一些重要的岁时节日民俗。

一、春节

春节,又叫"阴历(农历)年",是汉族一年中最隆重、最热闹、节期最长的传统节日,是象征团结、兴旺,对未来寄托新的希望的佳节。从农历正月初一开始,到正月十五结束。据记载,春节已有4 000多年的历史。

人们常把春节称做过"年",关于"年"的最初概念,是和人类生产劳动的周期性相关联的,因为作物生长的周期性和人类生产劳动的周期性都是地球围绕太阳公转的周期性的客观反映。而年节最早也是起源于庆祝丰收,所谓"有年"就是好收成,"大有年"就是大丰收。周代开始以年为计时单位,到西汉时期,汉武帝制定了《太初历》,将二十四节气订入历法,正式将每年的正月确立为"岁首",将纪时与节气实现同步。年节的日期就此确定。而春节本来是指二十四节气中的"立春",辛亥革命后为了与公历1月1日相区别,就把农历正月初一定为春节,春节与年这才成了同义词。新中国成立后,正式宣布采用公历,即采用世界上通用的公元纪年(即阳历)。1月1日是新年,称为"元旦"。为了区分农历和阳历两个"年",又因一年二十四节气中的"立春"恰在农历年的前后,因此把阴历(农历)正月初一正式定名为"春节"。

过年庆祝丰收的同时,祭祖和驱鬼是古代过年的最重要的主题。民间过春节的习惯,原本是从原始社会时代的"腊祭"演变而来的。"腊",猎也,谓猎取禽兽以祭先祖五祀也。汉代之后祭祖从腊月转移到了除夕晚上和正月初一的白天。因此传统年俗也是祭祀众神和祖先的日子。其主要内容有祭祀农具之神、祭天祈年等祭祀礼仪,如灶神、门神、财神、喜神等诸路神明,在年节期间都备享人间香火。人们借此酬谢诸神过去的关照,并祈愿在新的一年中风调雨顺、五谷丰登,能得到更多的福佑。同时在正月初一,人们要把祖先牌位供在正厅祭拜,家有祠堂的,子孙要前去拜祖。

　　春节也是合家团圆、访亲拜年的日子。除夕之夜,全家团聚,吃年夜饭(也叫"团年饭")。若有亲人无法回家团聚,也要空出一个席位,以表思念。除夕之夜,长辈给孩子们分发"压岁钱",一家人围坐"守岁"。深夜零点,钟声、鞭炮声齐鸣,辞旧岁、迎新年的活动达到高潮。大年初一,人们首先给家长拜年,然后开始走亲访友,互送礼品,以庆新年。初二是出嫁女儿的归宁日,同时也是北方部分地方迎财神的日子。家家户户迎财神,还到庙宇中接财神。北方把初五称为"破五"日。旧例食水饺子五日,"破五"以后,就可以正式炊煮,可以往户外倒垃圾。初七日为人日,旧俗认为这天天气清明则人生繁衍。初八日是群星聚会,北京人都到白云观拜星君。

　　春节更是民众娱乐狂欢的节日。期间,各种丰富多彩的娱乐活动竞相开展,如耍狮子、舞龙灯、耍社火、扭秧歌、踩高跷、唱大戏、逛花市、逛庙会等,为新春佳节增添了浓郁的喜庆气氛。

　　除了汉族以外,我国各少数民族也过春节,只不过由于传统历法不同,过年的日期和风俗习惯不同。现在,除了共同庆祝春节之外,他们仍还过自己的"年"。

二、元宵节

　　元宵节,又称上元节、元夕、灯节,每年农历正月十五日举行。元宵节是我国最古老的夜的节日,可能起源于远古人类在过节时以火把驱邪的习俗,正式形成应在汉朝,相传汉安元年张道陵创立道教,把正月十五元宵节改造为"上元节",与七月十五为"中元节"、十月十五为"下元节"并称"三元节"。佛教传入后,佛教燃灯的习俗开始与汉代以来的正月十五节庆活动相叠合。为表佛法大明,汉明帝令燃灯。此后,这种佛教礼仪便演变成元宵节的一项重要活动。

　　由于元宵节是民间节日、道教节日、佛教节日的综合,社会各界都很重视,节日活动非常兴盛。元宵节活动很多,除吃元宵、打太平鼓、观花灯、猜灯谜、耍社火、小车会、舞狮子、踩高跷、扭秧歌、唱大戏外,还有祭祀门户、牵钩(拔河)、迎紫姑等。

　　放灯和观灯是元宵节最著名的习俗活动。一般从正月十三"上灯"日开始,灯市挂出了各式花灯,供人购买。到十四日"试灯",则搭起牌楼、鳌山、灯棚,或放烟火,灯彩,预庆元宵。到了十五日开始算"正灯",即灯节的正日,各处有灯会,比赛花灯,小孩子也提着灯笼四处游行玩耍。一直要持续到十八日的"落灯"。与观灯相随的,还有猜灯谜。灯谜内容丰富多彩,制作精巧绝妙,谜格种类名目繁多,猜灯谜的方法也各种各样,为灯节增添了很多情趣。

元宵是元宵节必吃的食品。元宵又叫"汤圆""圆子""汤团"。多用糯米制成取其圆形圆音,寓意全家人团圆、平安、吉利、美满之意。同时,也是人们对美好生活的一种向往。

三、清明节

清明节的时间是在每年农历三月间,春分后 15 天,即今阳历 4 月 5 日前后。清明节包含两层意思:一是指节气,二是指节日。从节气来说,清明是二十四节气之一,清明一到,气温升高,雨量增多,是春耕春种的大好季节。民间有"清明前后,种瓜点豆""清明早,立夏迟,谷雨种棉正当时"的农谚。清明在农业生产上是一个很重要的节气。就节日而言,清明包含了民俗活动,如扫墓、踏青、放风筝、荡秋千、插柳、打球、吃青团、斗禽、拔河比赛等等。

在古代中国,清明前一二日还有寒食节,相传是自汉代已有的纪念介子推的活动,主要内容是禁火寒食。到了唐代,因为寒食和清明日子相近,寒食中的活动又往往延续至清明,久而久之寒食、清明两个节日就合二而一了。自唐宋开始,寒食扫墓盛行。规定从寒食到清明祭扫坟墓三日。时至今日,扫墓风俗仍在沿袭。人们每逢清明,纷纷前往陵园、墓地祭扫,缅怀先人。扫墓时要为死者焚香、上供、烧纸钱、行拜礼、除草添土。

除了扫墓以外,清明节最重要的活动就是踏青,这一习俗自唐宋时期就很流行了。唐顾非熊《长安清明言怀》诗云:"明时帝里遇清明,还逐游人出禁城。九陌芳菲莺自畴,万家车马雨初晴。"描述了清明踏青的盛况。北宋著名画家张择端的风俗画《清明上河图》,生动地描绘出以汴京城外汴河为中心的清明时节的热闹情景。在这一画卷中,画面人物就达 550 多人,牲畜 50 余头,船 20 多艘,车、轿 20 多乘。到了明清时代,清明节俗更加普及,期间有大量的娱乐活动。到这时,祭扫新坟生离死别的悲酸泪与踏青游玩的欢笑声十分奇妙地融为一体。

四、端午节

每年的农历五月初五日为端午节,是我国的传统节日。又称端阳节、重五节等。从清代开始,就将端午、中秋与春节并称为中国传统三大节日。

"端午"一词最早见于晋周处《风土记》:"仲夏端午。"古文"五"与"午"音通,农历正月建寅月,按地支顺序推算,五月为午,古人便把五月称午月,五月五日写成"端午"。

端午节大约从春秋战国时期就开始了。关于端午节的起源,有很多种说法,大多数人的观点认为端午节是源于纪念屈原。南朝《续齐谐记》《荆楚岁时记》中有:"屈原五月五日投汨罗水,楚人哀之。至此日,以竹筒贮米,投水以祭之……今五月五日作粽,并带楝叶五花丝,遗风也。""五月五日竞渡,俗为屈原投汨罗日,伤其死所,故命舟楫以拯之。"闻一多等人认为端午节原是古代民族的"龙子节",是吴越民族举行图腾祭祀的节日。还有的观点认为端午源于夏商周时期的夏至节等。此外还有纪念介子推、曹娥、伍子胥等说法。民间流传最广、最有影响力的还是纪念屈原的说法,反映了广大人民对屈原的热爱与怀念之情。宋朝时屈原被追封为忠烈公,把五月五日定为端午节,全国纪念屈原,并且人们以佩带香袋的方式,让屈原的品德节操如馨香溢世,流芳千古。

端午节的各种风俗活动主要有吃粽子、赛龙舟、带香包、缠五色丝、挂葫芦、躲午、迎鬼船、戴艾蒿、挂菖蒲、驱五毒、饮雄黄酒、悬钟馗等,端午节被人们赋予了各种历史的、文化的含义,成为全国性的纪念节日。端午节的爱国主义、人文主义主题及卫生习俗永远值得弘扬。另外赛龙舟经过几千年的发展,到现在已突破了时间、地域界线,成为了国际性的体育赛事。

我国的端午节很早就传入朝鲜、日本、越南、马来西亚等邻近国家,这些国家在端午节这天一般都要吃粽子,还有的有"赛龙舟"活动。在这些国家中,韩国的端午节习俗保留得最完整。

五、中秋节

每年农历八月十五日,是我国传统的中秋佳节,也是我国仅次于春节的第二大传统节日。又称为"仲秋节"、秋夕、月夕、"团圆节"。

"中秋"一词,始见于《周礼》:"中秋,教治兵。"因八月十五日,居秋季三月之中,故名叫中秋。中秋节的起源与我国古代秋祀习俗有关。八月中旬,正是秋粮收获之际,家家拜祀土地,答谢神的保佑。于是围绕"秋报"出现了一系列的仪式和风俗活动。中秋节还与我国古代拜月习俗有关。古代帝王有春天祭日,秋天祭月的礼制。赏月,实际上便是祭月之礼演变而来的。中秋节形成的另一重要因素便是与嫦娥奔月的神话传说有关。东汉张衡《灵宪》对这个神话记载颇为具体:"后羿请不死之药于西王母,姮娥窃以奔月,将往,枚筮之于有黄,奋黄占之曰吉,翩翩归妹,独将西行,逢天晦芒,毋惊毋恐,后且大昌。姮娥遂托身为蟾蜍。"这是月宫又被人称为蟾宫的由来。后来随着月亮与嫦娥神话的丰富与定型,中秋赏月被注入了人们灵动的想象。如李商隐的《嫦娥》:"嫦娥应悔偷灵药,碧海青天夜夜心。"等。

中秋节的习俗主要有祭月赏月、拜兔儿爷、吃月饼、饮桂花酒、吃瓜果、吃团圆饭等。其中最主要的活动是赏月和吃月饼。

中秋赏月自古有之,至宋代赏月之风极盛。《梦粱录》有"八月十五日中秋节,此日三秋恰半,故谓之'中秋'。此夜月色倍于常时,又谓之'月夕'。此际金风荐爽,玉露生凉,丹桂香飘,银蟾光满。王孙公子,富贵巨室,莫不登危楼,临轩玩月,或开广榭,玳筵罗列,琴瑟铿锵,酌酒高歌,以卜竟夕之观。至如铺席之家,亦登小小月台,安排家宴,团圆子女,以酬佳节……"到了明清时期,赏月、拜月除设酒席外,还设供桌,摆上各种祭品,向月亮跪拜,同时备果物以助赏月之兴。

月饼是中秋佳节的特色食品。月饼在很早以前叫小饼或甜饼。月饼原来是祭奉月神的供品之一,唐代就已有了。清代《燕京岁时记》有"至供月月饼,到处皆有,大者尺余,上绘月宫蟾兔之形。有祭毕而食者,有留除夕而食者,谓之团圆饼。"中秋节之际,民间以月饼相互馈赠,取团圆之义。到现代,我国城乡乃至海外侨胞,均有中秋吃月饼的习俗,形成了"八月十五月正圆,中秋月饼香又甜"的谚语。

中秋节的习俗很多,许多习俗独具地方特色,如苏州的石湖看串月、广州的树中秋、香港的舞火龙、傣族的拜月、苗族的跳月等。虽然形式各不相同,但都寄托着人们对生活的无限热爱和美好向往。

六、部分少数民族重要岁时节日民俗

1.开斋节

开斋节是回族、维吾尔、哈萨克、柯尔克孜等族的传统节日。节期在回历每年十月初。此节日源于伊斯兰教,每年回历九月,被称为斋月,穆斯林认为这个月是一年中最高贵、吉祥、快乐的月份。斋月里,人们只能在每天日出前和日落后进食,整个白天不得吃饭喝水,称守斋。开斋节是宣告穆斯林斋月结束的节日,斋月期满之日,即伊斯兰教教历的十月一日为开斋节。这天所有虔诚的穆斯林都要沐浴更衣,身着节日盛装,到清真寺做礼拜,走亲访友,互相庆贺,互相馈赠礼品。此为穆斯林最为崇尚的节日。

2.那达慕大会

那达慕大会是蒙古族传统的盛大节日,每年农历七、八月举行。"那达慕"蒙语是"娱乐、游戏"之意。相传那达慕大会始于汉代,后据记载,成吉思汗当年征服花剌子模在返回的途中举行一次庆贺胜利的那达慕大会。一般有蒙古族人聚居的地方每年都要举行传统的那达慕大会。期间的主要活动项目是摔跤、赛马、射箭,这三项是蒙古族传统的"男儿三项游艺"。此外,还有武术、马球、赛布鲁、摩托车以及精彩的歌舞表演和说书表演等。现在的那达慕大会还是物资交流的大会。

3.泼水节

泼水节是傣族及阿昌、布朗等族的一个古老的传统节日,是傣历新年,一般在傣历六月中旬(即公历 4 月中旬)举行,节日一般持续 3～7 天。这是一个用水表达美好情感的节日。节日第一天清晨,善男信女沐浴更衣后到佛寺拜佛,并用清水为佛像洗尘。在佛寺礼毕后,隆重的泼水活动就开始了。人们互相泼水,以湿为乐,用以祝福对方平安、幸福,并认为这样可以消灾除病。节日期间,通常还有放孔明灯、放火花、放高升、丢包、划龙舟比赛及歌舞等活动。

4. 火把节

火把节是我国西南许多少数民族如彝族、白族、纳西族等都过的一个传统民族节日。时间一般为农历六月二十四日前后,历时三天。相传,火把节是为"驱虫"保护庄稼而延续下来的。节日这天,男女老少都要身着民族服装,主要活动有:杀猪宰牛、献祭祖先;白天举行各种民族传统娱乐活动;夜间人人高举火把,成群结队,巡游于山冈田野,巡游之后,大家聚在一起弹月琴、吹口弦、饮酒唱歌,通宵不眠直至天明。

(本章内容参见彩图 4-1～彩图 4-8)

第五章　饮食民俗

　　饮食是人类生活方式的一个重要组成部分,是人类生存和改造身体素质的重要物质基础,也是社会发展的前提。在我国,不同的地区、不同的民族由于各自特殊的历史、地理条件和经济文化因素,在漫长的历史进程中形成了各具特色的饮食民俗。饮食民俗已成为中国悠久文化的一个重要方面,体现着中国社会和文化的特点;也是重要的旅游资源,为国内外旅游者所叹服。

第一节　饮食民俗概述

　　关于饮食,从有文献记载以来,许多古圣先贤不断强调他们对于它的重视态度。孔子曾说:“食不厌精,脍不厌细。”体现了他对饮食的较高要求,也得到后世人们的肯定,成了人们追求饮食品味的榜样。饮食的重要意义,可以用孟子的话来概括,那就是食、色有重于礼者,也就是《孔子家语・观乡射》中所谓的“饮食、男女,人之大欲存焉”。意思是说,人的一生有两大欲望不可或缺,一是吃喝,二是情欲。孟子把吃喝与人的繁衍后代并列,更把饮食行为提高到了前所未有的高度。从孔孟以后,上至王侯贵族,下至平民百姓,对于饮食尽管有不同的追求,但是其中有许多习惯是一样的。

一、饮食民俗的概念及其特征

　　饮食民俗是指有关饮料和食物在加工、制作和食用的过程中所形成的风俗习惯及礼仪常规。它是民俗中最活跃、最持久、最有特色、最具群众性和生命力的事项之一。

　　由于我国幅员广大,民族众多,地区差异很大,饮食民俗便相应地有许多不同。

大的来说,是南方与北方的差异,细的来讲,还有不同民族之间饮食行为的区别。如果探究其成因,则有很多因素的影响。

我国的饮食民俗是伴随着人类社会的产生而产生,伴随着经济文化的发展而发展,伴随着科学技术的进步而进步的。它的形成和发展主要由环境、历史、经济、政治、文化诸多方面因素所决定。

就地理环境看,饮食民俗对自然环境有很强的选择性和适应性。地域和气候不同,农副产品的种类、品性不同,食性和食趣自然也不同。如:东淡、西浓、南甜、北咸口味嗜好的分野,春酸、夏苦、秋辣、冬咸季节调味的变化。又如,西北迎宾多羊馔,东南待客重海鲜,朝鲜族爱吃苹果、梨、泡菜,壮族会做竹筒糯米饭,这些均与"就地取食""因时制菜"的生存习性相一致。这种饮食上的时空差异,正是各种菜系或乡土菜种风味特征形成的主要外因。

就历史传统看,中国稳定、漫长的农业生活和中国人重历史、重家族和传统技艺(包括特殊的烹饪、酿造等方面的技术),使"祖传"的烹饪手艺得以留传,并不断赋予新的内容与形式,精益求精。在我国,最享盛誉的"老字号"和"百年老店"都是经过众多"无名氏"世世代代的创造经验积累而成的。而不分食的围炉共醮"合家欢"的传统吃法,既有感情的交流,又有维系氏族、家族和家庭的重要作用。

从经济上看,食俗的孕育和变异无疑受到社会生产发展状况的制约。换言之,有什么样的物质生产基础,便会产生相应的膳食结构和肴馔习俗。如秦岭—淮河以南地区以种植水稻为主,自然以稻米为主食,以蔬菜、鱼、肉、禽、蛋为副食。而西北是我国主要的畜牧区,牧民的饮食也就以牛、羊肉为主食,喝马奶、马奶酒等饮料。

从政治上看,饮食民俗还时常受到政治形势的影响,尤其是当权者的好恶和施政方针的影响。像唐王朝崇奉道教,视鲤鱼为神仙的坐骑,加上"李"为国姓,讲究民间避讳,故而唐人多不食鲤鱼,唐代也极少见鲤鱼菜谱。

从文化交流看,民族间的文化交流,也大大丰富和影响着我国的饮食民俗。如汉朝张骞出使西域后,西域的核桃、蚕豆、黄瓜、香菜、胡萝卜、葡萄酒等饮食传入内地,为中原人所采用。北方少数民族食用的茶叶、豆腐、麻花等也是长期文化交流的结果。

从宗教信仰上看,不少饮食民俗是从原始的信仰崇拜或现代人的某些仪式演变过来的。像蒙古族崇尚白,以马奶为贵;高山族造船后举行"抛船"盛典,宴请工匠和村民;水族供奉司雨的"霞神"完毕后,大伙才能分享祭品;回族只吃牛肉不吃猪肉;佛教徒只吃素食,均如此。

上述诸因素与饮食民俗有着相伴共生的关系,表面上看似乎只是各类饮食习俗的影响因素,但实际上都从各个不同方面表现出了饮食民俗的主要特征:地区性、民族性、宗教性、融合性等。

二、饮食结构与类型

饮食结构是指日常生活中一日三餐的主食、菜肴和饮料的配置方式。饮食结构，是一个复杂的问题，它常常和生活区的自然地理环境、生产力发展水平、物产资源及经济条件相关。

1. 主食

在古代，人们的主食主要是饭、粥，也有饼。饼在北方有很多种，比如自魏晋以来民间经常吃的"蒸饼"，就是现在馒头之类的面食；而"汤饼"就是今日的面条；今天所说的饼当时叫"胡饼"，大概到东晋以后才流行起来。

现在我国民间主食主要有米饭、面食和牛羊肉三种类型。粮食作物是主食的主要原料，但由于各地自然条件的差异，粮食作物品种不同，主食的原料和制作方式也就不同。

南方和部分北方种植稻米的地区，以米饭为主食；而秦岭—淮河以北广大地区及部分南方山地是种植小麦的地区，则以面食为主食；还有些高寒和高山地区，种植玉米、青稞、高粱、谷物等作物，日常生活自然以杂粮为主食。此外，像土豆、薯类作物也是我国人多地少的部分丘陵地区的主食。不同的粮食作物，用不同的制作方法制成食品，供人们食用，于是形成有关主食的不同习俗。比如青藏高原，由于气候寒冷，作物生长期短，适合青稞的种植。生活在这里的藏族人民创造了独特的食品——糌粑，它是将青稞炒熟、磨成面，和茶水食用。吃糌粑，喝酥油茶，是藏族特有的食俗。

2. 菜肴

菜是蔬菜的总称；肴是做熟了的鱼肉。菜肴通常有素和荤之分。

我国常食用的菜肴原料有鱼肉、蛋乳、油脂、蔬菜、瓜果、调味六种类型。

（1）鱼肉类　这是古代食俗中以动物为菜食原料的传承，包括家畜中的牛、羊、猪及家禽中的鸡、鸭、鹅的肉及大部分脏器；也包括野兽及野禽的肉；还包括水产中的鱼、虾、蟹等。

（2）蛋乳类　这是由家禽、野禽派生出来的蛋类和由家畜派生出来的乳类组成的。

（3）油脂类　包括家畜、家禽和鱼类提供的脂肪和植物种子榨取的可食用油。

（4）蔬菜类　包括食用野菜和人工栽培蔬菜，有茎叶的白菜、韭菜、芹菜、菠菜等，块根、块茎的萝卜、莲藕、甘薯等，还有菌类的蘑菇、木耳以及笋类、番茄类等。另外，蒜、葱等的应用也十分广泛。

（5）瓜果类　通常称做干鲜果品的有：枣、栗、莲子、瓜子、核桃、松子、榛子、椰子、槟榔等及桃、李、梅、杏、梨、苹果、葡萄、石榴、柿、荔枝、枇杷、柑橘、菠萝、香蕉等多种果、核、壳类食料,还有冬瓜、南瓜、黄瓜、丝瓜、西瓜、甜瓜等。

(6)调味类　包括盐、糖、醋、酱、姜、辣椒、芥末、胡椒、花椒、桂皮、茴香以及现代的味精之类,还有米酒等特殊调料制品。

把以上六种食料进行合理的搭配和烹制而产生出成千种菜肴,各有不同的风味,于是便形成了各种菜食的类型。由于各地方的习惯口味不同,烹调方法各异,便逐渐从民间风味发展成为特定类型。这种从地方风味发展而来的菜肴很多,举世驰名,其中较有代表性的类型如闽菜、粤菜、京菜、鲁菜、苏菜、湘菜、徽菜、鄂菜等,都各具特色。

3.饮料

饮料是饮食内容的重要组成部分,在日常生活中也不可缺少。饮料有酒、茶、奶等,其中又以酒和茶为主。

茶开始被当成饮料使用,是我国古代饮食上的一件大事。饮茶的风气起于魏晋南北朝时代的南方,至唐代而大盛。中国是茶的起源地,全世界的饮茶之风都是间接或直接地从中国传过去的。

饮酒是我国各民族普遍盛行的习俗。由于采用原料、配制方法和饮酒习俗不同,酒在各民族饮食结构中的地位也就不同。北方地区的人们喜饮烈性白酒,南方地区的人们喜饮低度米酒和果酒。另外,不同的民族还有自己特制的酒类饮料和饮酒习俗。比如马奶酒在哈萨克族生活中必不可少,婚礼、宴会上更是待客的名贵饮料。贵州的布依族,嗜酒居多,家家户户都有自酿米酒的习俗,客人来家即先斟一大碗酒表示敬意,而饭桌上的酒更是不可少的。

总之,饮食结构和类型的形成,受到客观生活水平的制约。随着我国经济的发展,生活水平的提高,传统的饮食结构和类型也在变化,在南方城市,面食、杂粮的食用日渐增加,北方城市中食米饭的也成时尚。汽水、橘子水、可口可乐等新型饮料更是发展迅速。

三、饮食的惯制

从古代到今天,饮食惯制出现了较多的变化,就今天存在这种饮食习惯来讲,大致有三:

1.日常生活的食制

这是维持正常的生理需要而形成的习惯。它包括餐数、时间和配餐方式。我国目前大多数地区采用一日早、中、晚三餐制,既利于生活,也利于生产。我国有些地方还按生产季节的不同,采用定期的两餐制,与三餐制相间使用,如苏北地区过去农闲时就实行一日两餐制。配餐方式指每餐的食物搭配。如南方普遍早餐为粥,中、晚餐吃米饭、蔬菜。

2.节日仪礼需要的惯制

这是饮食民俗中最具民族特色、区域特色的部分。它是人们为满足各种社会需要,如庆丰收、亲朋好友团聚联谊等而约定俗成的习俗,有节日食俗与人生礼仪食俗两大类。节日食俗以春节最富精彩,不同节日有各自的食俗特色。如正月十五吃元宵,清明吃冷饭,端午食粽子、饮雄黄酒,中秋吃月饼。人生礼仪食俗多为宴食,宴席上的座次、饭菜品质、上菜的顺序、劝酒敬酒的礼节、酒令的内容与方法、参加男女人数等都有不同的惯例。在人生的种种礼仪中,各地方各民族都有相应的饮食习俗惯制。如过生日,少不了生日蛋糕;老年人庆寿,离不开长寿面;婚礼上新婚夫妇要饮交杯酒,要吃同心莲;葬礼上,有的地方要吃"豆腐饭",不可吃荤菜等等。

3.祭祀上的饮食惯制

我国自古以来就有崇古、敬祖、敬神的传统,人们企盼通过食物来沟通现世界与彼岸的联系,所以在举行各种祭祀仪式时,都要有"牺牲"供奉各种神灵和祖先,遵循一定的饮食惯制。如云南兰坪白族信奉"天鬼",祭天时设立祭天台,杀牛献祭,祭祀完毕,牛肉牛皮分给各家各户享用。青海河湟地区治丧期间,要每晚烧一锅粥洒于屋四周及空旷地。

第二节　地方风味与菜系

我国地域广大,各地自然条件、地理环境及物产资源有许多差别,菜肴的制作、口味也有诸多不同。由于对菜系的理解不同,至今我国有多少菜系尚未形成统一的看法。常见的有三种划分方法:一是四大菜系,即淮扬菜、川湘菜、粤菜、京菜,或鲁菜、川菜、苏菜、粤菜;二是八大菜系,为京菜、鲁菜、苏菜、徽菜、川菜、湘菜、粤菜、闽菜;三是十大菜系,即上述八大菜系加沪菜、鄂菜。其他如豫菜、秦菜及东北菜等也都较有地方特色,少数民族的风味饮食更是别具一格。众多地方风味与菜系支撑起中国菜的丰美形象,中国因此成为名副其实的烹饪王国。

中国众多的地方风味与菜系如果稍加归纳,可以按其方位分为东西南北四个区域。以下介绍的京菜与鲁菜、苏菜与徽菜、川菜与湘菜、粤菜与闽菜分别是我国北方、东方、西方与南方地方风味的代表,少数民族风味饮食则反映边疆少数民族的饮食习惯。当然,现代社会由于文化的繁荣和交通的便利,地方风味与菜系已不再属于某一地区的专利,在一些大城市中,固守一地吃遍天下已不稀罕。但是,从人们的心理来说,去他乡异地亲口品尝当地的风味饮食毕竟比在本地吃到外埠的饮食还是会有更多的乐趣。因此,无论将来饮食业如何发达,去外地亲啖当地风味将始终是引发人们旅游冲动的因素之一。

一、京菜·鲁菜

1. 京菜

京菜是北京菜的简称。北京为历史悠久的古都,元、明、清三代为全国政治中心,五方人士杂处,因而北京菜的组成复杂多元。它包括以牛羊肴馔为主的清真菜,从明清皇宫又回到民间的宫廷菜,从士大夫家传出的官府菜,以及适合北京人口味的山东菜及个别其他地方菜肴,兼容并蓄是它的最大特点。

北京的清真菜有悠久的历史渊源。元忽思慧《饮膳正要》记录当时北京的饮食,所记95种肴馔中有76种使用羊肉。元朝以后,蒙古势力退出北京。然而,羊肉肴馔并未随蒙古人撤退而消失。清代涮羊肉为宫廷府邸筵席的常备肴馔;晚清至民国,北京清真馆大批涌现,仅前门外开设的羊肉馆就有元兴堂、又一村、同和轩、同益轩等十几家,东西长安街还有东来顺、西来顺等著名清真馆,所治全羊席、烧羊席、烤羊席、涮羊肉极负盛名,清真小吃爆肚儿、羊肉锅贴等也备受人们欢迎。

北京的宫廷菜名闻遐迩。所谓宫廷菜是指从清代宫廷传出的菜肴。清宫本有满族食俗饮食,入关后,继承了明代宫廷饮食,康熙、乾隆两朝,皇帝多次南巡,又将大量南方名肴引入宫廷,使宫廷菜更加丰富。宫廷菜中规格最高的是满汉全席,这道宴席以满洲烧烤和南菜中的鱼翅、燕窝、海参、鲍鱼等为主菜,穿插满洲糕点饽饽,佐以淮扬、江浙羹汤,全席菜点近两百道,令人叹为观止。宫廷菜在清时已开始流向民间。北京著名砂锅居的白肉等猪肉肴馔曾视为宫廷名菜之首。北京菜中极负盛名的烤鸭原本也是宫廷菜,其源出于明成祖迁都北京时,将金陵(南京)烧鸭带入宫廷。清同治年间,河北蓟县人杨全仁创办全聚德,聘请的就是曾在宫中制作烧鸭菜的厨师。清末民国以来,宫廷菜继续传布民间,现今北京著名的宫廷菜馆北海仿膳饭庄和颐和园听鹂馆的许多菜点即出自晚清御膳房,如仿膳的"抓炒鱼片""抓炒里脊"就是被慈禧封为"抓炒王"的厨师王玉山传下来的拿手菜。

北京历来为士大夫云集之所,各地士大夫到京赴任多携有家乡的厨师,一些士大夫美食家还有发明创新。自士大夫家流向社会的肴馔,被称为官府菜。官府菜多取各地菜肴之精华。如"潘鱼",是用活青鱼加羊肉清汤烹制,取鱼加羊为"鲜"之意,出自晚清翰林潘炳年家。又如"吴鱼片",由清代宦居京城的苏州人吴闰生创制,被称为"富有江浙色彩的北京菜"。今日声名颇广,脍炙人口的谭家菜也是北京官府菜,它出自清末翰林谭宗浚家,后由其家厨传入餐馆。

各地风味对京菜影响最大的要算山东菜。晚清民国时期,在北京开饭馆的山东人很多,几乎垄断了北京的餐饮业。北京能承办红白喜事的大饭庄庆丰堂、聚贤堂等

"十大堂"都是山东菜馆,名饭馆"八大居"中的广和居、同和居是山东菜,东兴楼、致美楼等"八大楼"中有七家是山东菜,不以"居""楼"为号的山东菜馆还有丰泽园、便宜坊等一大批。因此,有人总结称:五六十年前,在北京,有名的大饭店,什么堂、楼、居、春之类,从掌柜的到伙计,十之七八是山东人,厨房里的大师傅,更是一片胶东口音,不只是大饭店,就连一般菜馆,甚至街头的小饭铺,也是山东人经营的居多。

由于山东风味菜馆在北京饭馆中唱主角,京菜中经常使用的"爆""塌"烹技及爱用葱、酱的风格和山东菜如出一辙。山东菜对北京饮食的影响甚至还深入一般居民家庭,现今北京人日常炒菜惯用的葱花炝锅就是源自山东菜的厨艺。当然,京菜在吸取山东风味的同时也对其进行了改造。如锅塌豆腐,山东的做法是用酱油,颜色灰暗;京菜不用酱油,色泽金黄悦目。酱爆鸡丁,山东的做法是用甜面酱,甜而不香;京菜使用黄酱,或黄酱加甜面酱,增添了菜肴的香味。即使山东菜馆,其经营的已不是纯粹意义上的山东菜,而是具有山东风味的北京菜。

北京小吃众多,灌肠、爆肚、茶汤、豆汁、炒麻豆腐、豌豆黄、芸豆卷、艾窝窝等都是京味甚浓的小吃。其中,豆汁颇受老北京人喜好。这是一种用绿豆渣粉发酵后制成的食品,味道酸怪,外地人不易接受,而老北京人对它情有独钟,甚至有"不喝豆汁儿,算不上北京人"的说法。

2. 鲁菜

鲁菜为山东菜的简称。其最初的渊源可上溯至春秋战国时代的齐、鲁两国。鲁菜的制作选料考究,刀工精细,烹饪技法以爆、炒、烧、炸、烩、扒、焖、塌见长。其中,"爆""塌"两技尤为突出。以汤为菜肴增鲜也是鲁菜的特长,所制汤分清汤、奶汤两种。清汤澄清如水,奶汤色泽乳白,味道都极鲜美。有名的汤菜有清汤蝴蝶、清汤燕菜、奶汤蒲菜、奶汤银肺等。

鲁菜有三大支系:齐、鲁风味和孔府佳肴。齐地风味为胶东菜,其地临海,以烹饪海鲜著称,代表菜肴有绣球海参、红烧海螺、炸蛎黄、烤大虾等;鲁地风味是济南菜,多以淡水鱼、猪肉、蔬菜为原料,代表菜肴有奶汤鲫鱼、糖醋黄河鲤鱼、油爆双脆、锅烧肘子等。孔府菜典雅华贵,精巧细致,富有特色。其菜肴名称有不少用"一品"字样的,如"当朝一品锅""钟鼎一品锅""燕菜一品锅""鱼翅一品锅"等。即使豆腐菜,也有"一品豆腐",制作极为精细。它用一块整豆腐挖出馅心,填入鸡肉、猪肉、海参、鱼肚、虾仁、冬菇等剁成的馅料,上面覆以一片豆腐作"盖",又以鸡肉片、猪肉片置于豆腐上蒸制,熟后去掉鸡肉片、猪肉片,用火腿丝在豆腐上摆上"一品"字样,另用清汤勾芡浇淋于上而成。其复杂的工艺尽显孔府菜的尊荣身价。

二、苏菜·徽菜

1. 苏菜

苏菜是江苏菜的简称,为我国东部长江下游地区有代表性的地方风味。

苏菜以淮扬菜为代表。淮扬指运河沿岸的扬州、镇江、淮安周围地区。淮扬菜以河鲜、家禽和时令蔬菜为主要原料,具有选料严谨、讲究鲜活、主料突出、刀工精细、注重原汤原汁、口味咸甜适中、平和清鲜等特点。烹调技法多用炖、焖、蒸、煨、焐,与山东菜的急火快炒成鲜明对比。其名肴有清炖狮子头、拆烩鲢鱼头、扒烧整猪头、三套鸭、清蒸鲥鱼、清汤火方等。小吃制作也精细,口味鲜香,扬州的火煮干丝、汤饺、翡翠烧卖、蟹黄汤包、三丁包、黄桥烧饼、千层油糕、没骨鱼面、水晶包等远近驰名。

南京菜在口味上注重五味调和,咸淡适中;在用料上鸡、鸭、鱼、虾较为普遍,尤以制作鸭馔闻名。北京烤鸭最初就是明成祖迁都北京时从南京带去的金陵烧鸭。当今南京出名的鸭子是盐水鸭、板鸭。盐水鸭以八月中秋时的"桂花鸭"为原料,具有皮白肉红、鲜香适口的特点;南京板鸭属于腊味,肉质肥嫩,咸中透鲜,宜蒸透食用。

苏锡菜流行于江南苏州、无锡等太湖周围地区,以虾蟹莼鲈、糕团船点为其特色。菜肴清雅和谐,口味趋甜,无锡尤甚。在烹调上,白汁清炖、糟鲜红曲独具一格。名肴有松鼠鳜鱼、梁溪脆鳝、三虾豆腐、白汁元鱼、莼菜塘鱼片、胭脂鹅、鲤肺汤、镜箱豆腐、常熟叫花鸡等。

徐海菜以徐州为中心,因地接山东,风味亦近齐鲁。菜肴色调浓重,口味偏咸,习尚五辛,多用煮、煎、炸等烹技。有沛县狗肉、板浦荷花铁雀、霸王别姬、彭城鱼丸等名肴。

苏菜美味纷呈,许多菜肴非精湛厨艺不能为之。如文思豆腐,要将一块豆腐切成五千根丝条,显示绝佳刀工。此菜丝缕纷呈,莹白如玉,乾隆南巡时被列入行宫御膳。松鼠鳜鱼,是先在鱼身上刻上牡丹花刀,挂上淀粉糊,然后分三次炸熟、炸透、炸酥。此菜造型漂亮,色泽金黄,皮脆骨酥,肉腴汁浓,乾隆皇帝食后赞其为"天下第一菜"。三套鸭,是在清代《调鼎集》所载双套鸭技艺上改进制作,用家鸭、野鸭、菜鸽三禽作主料,拆骨后以大套小,空隙处塞入冬菇、火腿、冬笋片,然后置沙锅内,以小火宽汤炖至酥烂。此菜家鸭鲜肥、野鸭香酥、菜鸽细嫩,汤汁浓而不腻,三禽酥烂脱骨不失其形,口味极佳。

2. 徽菜

徽菜是安徽菜的简称,包括徽州、沿江、沿淮三个地方风味。徽州菜是其代表。

徽州菜出自明清时的徽州府,擅烹山珍野味,有重油、重色、重火功的"三重"烹饪特色。其不少菜肴是用木炭小火炖煨而成,保持原汤原汁,风味醇厚。有清炖马蹄鳖、石耳炖鸡、问政山笋、腌鲜鳜鱼等名菜。沿江菜指芜湖、安庆等沿长江地区的风味菜，后也包括合肥。沿江菜以烹制河鲜、家禽见长，讲究刀工，善用糖调味，其烟熏烹技别具一格。沿淮菜以蚌埠、宿县、阜阳等地为代表，口味咸中带辣，有卤煮、白汁等独到烹技。沿江、沿淮名菜有无为熏鸭、符离集烧鸡、葫芦鸭子等。

三、川菜・湘菜

1.川菜

川菜是四川菜，为西部地区的代表菜。

川菜由成都、重庆、自贡等地方风味菜组成，成都菜为其代表。川菜使用的食料多很普通，然而，川菜的长处就是能用那些普通的食料，做出各种风味独特、入口生香的美味佳肴。川菜的烹饪技法很多，但以小煎、小炒、干煸、干烧最具特色。小煎、小炒，食料不过油，不换锅，急火短炒，一锅成菜。干煸是将纤维较长的食物如牛肉、萝卜等切成细丝，置锅内翻炒，直至见油不见水再加调料，成菜干香酥软。干烧将汤汁用小火收干，再加豆瓣酱或辣椒等调料。川菜的菜肴讲究色、香、味、型，有七滋（甜、酸、麻、辣、苦、香、咸）、八味（鱼香、麻辣、酸辣、干烧、辣子、红油、怪味、椒麻）之说。因常见的菜肴有鱼香肉丝、宫保鸡丁、回锅肉、麻婆豆腐、水煮肉片、毛肚火锅等，多是辛辣味，人们常由此以辣来形容吃川菜的感受。其实，川菜不完全是辣，还有麻、怪、咸、鲜等，如现时川菜中的一品熊掌、虫草鸭子等高档菜，口味清鲜温和，并无辣味。川菜的滋味远远不止七滋八味，四川号称"天府之国"，土特产品十分丰富，以调味品来说，就有中坝酱油、保宁食醋、三汇特醋、涪陵榨菜、永川豆豉、茂汶花椒、自贡井盐、内江白糖、叙府芽菜、南充冬菜、郫县豆瓣、成都辣子等几十种。这些调味品经过不同配比，能化生出麻辣、酸辣、椒麻、麻酱、蒜泥、糖醋、芥末、五香、咸鲜、荔枝、红油、香糟、姜汁、葱油、卤香、鱼香、怪味等几十种不同的类型。而且，同一味型在不同菜肴中味道亦有差异。如同是麻辣，水煮牛肉的麻辣与麻婆豆腐的麻辣就有很大不同。因而，川菜有"一菜一格、百菜百味"的美誉。川菜的特点是：味美、味多、味浓、味厚。

川菜的小吃也花样繁多，棒棒鸡、怪味鸡、龙抄手、赖汤圆、夫妻肺片、灯影牛肉、小笼牛肉等驰名全国，有的还走向海外。

2.湘菜

湘菜是长江中游地区的代表菜系，包括湘江流域、洞庭湖区和湘西山区三个风味菜。湘江流域是指长沙、衡阳、湘潭为中心的区域，菜肴特色为油重色浓，注重鲜香，以煨菜和腊菜著称。洞庭湖区指湖南北部的常德、岳阳、益阳等地，其菜肴以烹制河鲜和畜禽见长，口味咸辣香软，以炖菜、烧菜出名。湘西为张家界、吉首、怀化一带，湘西菜擅长烹制烟熏腊肉，口味侧重咸香酸辣。

　　湘菜取料广泛,刀工精细。它与川菜一样,是一个以辣闻名的菜系,独特的口味有酸辣、麻辣、香辣、焦麻等,其中酸辣尤为突出。湘菜的酸不是加醋形成的,而是使用酸泡菜。酸泡菜的酸比醋醇厚柔和,与辣味加在一起,便形成以辣为主、酸寓其中的独特的复合风味。湘菜的另一特色是有较多的腊味,湘西的腊味菜常用柴炭作燃料,具有浓郁的山乡风味。

　　湘菜的烹调技法多样,比较突出的烹技是煨。其煨法有根据菜肴色泽的"红煨""白煨",有用汤料不同的"清汤煨""浓汤煨""奶汤煨"。煨法虽有不同,但都讲究小火慢烧,以取得原汤原汁的效果。用此法烹制的湘中名菜,如"组庵鱼翅""洞庭金龟"等,都是汤浓汁醇,鲜香软嫩。其他名菜还有东安子鸡、腊味合蒸、红烧腊牛肉、发丝牛百叶、吉首酸肉、冰糖湘莲、火宫殿臭豆腐等。

四、粤菜·闽菜

1.粤菜

　　粤菜是广东菜的简称。粤菜在国内外影响很大,清代后期已获"食在广州"的佳誉。在海外,中国餐馆经营的大多是粤菜。粤菜包括广州菜、潮州菜、东江菜三种地方风味,以广州菜为主要代表。广州菜选料精当,品种多样,善于变化,口味较清淡。潮州靠近福建,潮州菜兼有闽、粤两种风味,以善烹海鲜和甜食见长,口味清纯,汤菜为其特色。东江菜亦称客家菜,保留较多古代中原食俗遗风,乡土气息浓郁,口味偏咸。

　　粤菜选用的食料广博奇杂,蛇、猫、果子狸等动物被视作珍味,如名菜"龙虎斗"是用三蛇和狸猫为食料,"菊花龙虎凤"由三蛇、竹丝鸡和狸猫烹成。粤菜的调料别具一格,有蚝油、豉汁、鱼露、果汁、咖喱、蚝油、精醋、卤水、五香盐、酸梅酱、沙茶酱等其他菜系不用或少用的品种。其中许多调料为特制的复合调料,如卤水是用花生油、姜、葱、绍兴酒、冰糖、八角、桂皮、甘草、草果、丁香、沙姜粉、陈皮、罗汉果等制成,五香盐以精盐、白糖、五香粉、八角末调成。这些调料是粤菜形成独特风味的重要原因。

　　粤菜的点心也十分丰富。广东人有喝早茶的食俗,广式早茶的点心分荤蒸、甜点、小笼蒸、大笼蒸、粥、煎炸 6 个大类,品种有凤爪、排骨、牛腩、糯米鸡、蛋挞、椰丝球、叉烧酥、虾饺、奶黄包、肠粉、鱼生粥、皮蛋瘦肉粥、煎饺、春卷等 100 多种。除早茶之外,中午、晚上也有茶市供应点心。

2.闽菜

　　闽菜是福建菜的简称。福建沿海盛产海鲜,蛎房、蚌肉等为人喜食。闽菜以善烹海味著称,重视刀功,讲求火候,好汤菜。所谓汤菜,并非一般的汤,而是富于汤汁之菜,类似古人饮食的羹。汤菜重在调汤,富于变化,有"一汤十变"之说。闽菜的口味偏淡,略有酸甜,这和食料多海味有关。因为淡能突出鲜味,甜能增鲜,酸则可以祛除海产品的腥味。闽菜的调味品亦有特色,有虾酱、红糟等特殊味料。

闽菜可细分为福州、闽南、闽西三种地方风味,以福州菜为代表。福州菜清鲜淡雅,偏于酸甜,善用红糟。闽南菜甜中带辣,常以辣椒酱、芥末酱、橘汁为调料。闽西菜偏于咸辣,食料多山珍。闽菜中的名菜有七星丸、蚵仔煎、荔枝肉、酸甜竹节肉、炒西施舌、白炒鲜竹蛏、橘味加力鱼、佛跳墙等。

第三节　中华茶俗

我国是茶的故乡,茶是我国传统的也是最流行的饮料。种茶、制茶、饮茶都起源于中国,并通过多种渠道,对许多国家产生影响。茶对于国人不仅有解渴的功用,而且它拥有几千年历史,早已和华夏悠久而丰富的文化融为一体,直接或间接地渗透到人的精神之中。在数千年的饮茶历史中,随着历史、文化的不断发展和积淀,以及各民族自身的特点与习俗,饮茶已演变为一种有差异性的社会文化内涵的民俗习惯,并形成了特有的茶文化。

一、茶叶的品类和饮茶方式

1. 茶叶的品类

我国茶叶主要分为成形茶与散茶两大类型。

(1)成形茶　多为绿茶制成,又有数种之分。

①团茶　又称饼茶,以形状似团饼而得名。制作方法是,先将茶叶放在甑釜中蒸,然后用杵臼捣碎,拍成团饼,焙干,封存。唐宋时非常流行。

②砖茶　即把茶叶蒸热、压缩成砖状。起始于明代,主要是为了解决中原地区与西北少数民族茶马贸易中的运输、收藏问题而发明的。不仅绿茶有砖茶,红茶、乌龙茶、黑茶、沱茶都有。

(2)散形茶　也有两种,一种叫"桷茶",即粗茶,茶的芽及嫩叶采摘完后,把所剩的大叶细梗捋下、切碎;一种叫"散茶",茶叶采摘后加工成散粒(片)状。散形茶按其发酵与否,大体可分为以下三种:

①不发酵者为绿茶。把采摘下的鲜茶,或蒸或炒以杀青,再揉捻以成眉状或粒状、片状,然后炒干、烘干、晒干。绿茶中的珍品有江苏太湖洞庭山的碧螺春,浙江杭州西湖的龙井,安徽黄山的毛峰,湖南洞庭湖君山的银针,江西庐山的云雾茶,四川蒙山上的蒙顶茶,安徽太平县猴坑的猴魁等。绿茶贵细嫩,谷雨、清明前一旗一枪(即一芽--叶)时采摘为佳。

②发酵的是红茶。先将采摘下的茶叶用一天的时间晒干,然后经过揉捻和发酵两道工序,以破坏酶的活性,并放进20℃的温室里发酵。当发酵到一定程度时,马上停止高温处理,刹住发酵,制成红茶。红茶汤色艳红,香气袭人,有一股甜香之气。红茶名品有安徽祁门红茶、云南风庆红茶等。

③半发酵的是乌龙茶。乌龙茶茶味介于绿茶、红茶之间。福建的武夷岩茶、铁观音、大红袍、武夷水仙、佛手柑都是乌龙茶的珍品。另外,独具风味的花茶也属绿茶类,只是加工时加了花熏,采用不同的花熏可制成不同香型的花茶,如茉莉花茶、珠兰花茶、玉兰花茶、玫瑰花茶等。

2.饮茶方式

远古时代,人们从野生茶树上采取嫩叶生嚼,后来加水煮成汤饮。秦汉以后,用米膏状的茶饼打碎并研成细末倒入壶中煎煮,加上葱、姜、橘等调料饮用。中唐以后,经陆羽和卢仝提倡,饮茶日趋讲究。需饮茶时,将茶饼捣碎,用风炉、木炭或硬柴和釜煮茶,茶汤趁热饮用。元代以散茶为主。自明太祖朱元璋下令禁制饼团茶后,散茶便盛行于世。而饮法也以冲泡为主,并逐渐形成了泡茶的技艺及饮茶的游艺,流传至今。

二、饮茶游艺

随着饮茶的普及,人们对泡茶用水、茶与水的用量比例、泡茶开水的温度、茶具的选择、饮茶的时间等都有讲究,大大丰富了饮茶民俗文化。

茶具是使饮茶富于艺术性的重要条件。人类最初煮饮茶叶,都用当时的饮食器具,没有专用的茶具。只有当饮茶成为人们的专门嗜好时,人们才会考虑设计和制造与饮茶有关的贮茶、煮茶和饮茶的专门器皿,形成为茶具。明清至现代以冲泡茶为主,因之普遍使用茶壶、茶杯、茶盘等茶具,特别是茶壶,千姿百态,美不胜收,其中最有名的是宜兴紫砂壶。茶具是代表着各个时代的工艺美术品,也是饮茶艺术整体中不可分割的一部分。

中国的茶艺,是茶与水的艺术配对和组合。好茶需好水,只有好水,才能显出好茶的香醇甘美,绿茶得以见其碧,红茶得以显其艳。"佳茗配佳泉"在饮茶民俗上是不可或缺的。除了茶好、水好,还必须"火候"到家,没有这几个因素和谐有机的结合,就谈不上泡好一壶好茶。陆羽在《茶经·五之煮》中说,一沸水,气泡如鱼眼,微微有声;二沸水,涌泉连珠;三沸水,腾波鼓浪。第三沸时就要烹茶。再沸,"水老,不可食也"。泡茶强调水要烧得恰到好处。水不开,茶叶中的水溶性物质不能浸出,香气就会不足;水烧过头,溶于水中的气体不断逸出,泡出的茶汤就缺乏鲜爽味。

三、茶的礼俗

柴、米、油、盐、酱、醋、茶，是人们常说的开门七件事。由此看出，茶在人们日常生活中的重要地位。在平时，人们都习惯泡上一壶茶，饭前饭后喝上一碗；农忙干渴时，更是离不开茶水。当客人来到时，首先做的第一件事，就是泡茶献客。一杯清茶，一份真诚。我国"以茶待客"的礼俗多种多样。江南人沏茶，水斟至七分上下，主人须不断为客人斟茶，忌杯中茶水见底，否则即为失礼。哈尼族家中来客，主人先敬一碗"闷锅酒"，然后再从火塘中取出茶罐，向客人敬浓茶。闽西客家人多备有嫩、粗两种茶，粗茶是为自己准备的，嫩茶为待客之用；客来以小茗壶冲泡嫩茶，用小杯敬茶晶茗。而宁夏的回族奉客佳品是"盖碗茶"和炸馓子。"盖碗茶"有一套特别的茶具，由茶碗、掌盘和盖子组成。客人一到家，主人便会在炕桌上先摆上炸馓子，然后奉上"三香茶"——由冰糖、桂圆和茶叶沏成。假使客人是贵客或恋爱对象，主人便会奉上"八宝茶"——用茶叶、桂圆、荔枝、葡萄干、杏干等沏成。

广东潮汕和福建漳泉等地区流行喝"功夫茶"之风俗。茶具小巧玲珑，茶壶用绯绛色的陶土特制。泡茶用的水以泉水、井水为佳。一般用一种半发酵后即烘炒类型的茶，泡制时先将水烧开，然后烫壶烫杯，再把茶叶装入壶中约七成满。还要配上一些茶末，水烧开后冲茶，冲时要掌握"高冲""低洒""括沫""淋盖""烧杯热罐""澄清"等要领。泡好后，开始饮用。一般冲茶不先喝，而是先敬客人、尊长，在坐若是3人以上，其他人则待下一轮才喝，如是泡上3~4轮，再加茶叶，或者完全更换，重新再泡。循环往复，可以吃上半天，今城乡盛行。

茶的礼俗在婚礼、寿礼等重大喜庆典礼中也有表现。在江浙一带，家里来客或有喜事，主人都应给来客或帮忙的沏茶，并双手奉上，否则便被认为是失礼。茶本身也有一些讲究，如果来客是至亲或稀客，应泡糖茶；一般客人，是沏红茶或绿茶；未婚青年男女彼此作客，有的还泡鸳鸯茶——茶叶加糖泡成的茶。如第一杯给甜茶，第二杯应是茶叶茶。饭前糖茶，酒饭后应给茶叶茶。过年过节时，给客人第一杯都是糖茶。按照江浙人的习惯，主人斟过茶之后，等到吃点心的时间（一般是上午九十点钟，下午两三点钟），主人给客人或帮忙的吃点心。同样，在浙江一带，男家向女家正聘时，纳百金若干，不拘数，谓"连茶"，或曰"受茶"。结婚时有"交杯酒""闹茶"及"新娘奉茶"等俗。另外，江南之江苏、江西、安徽，北方之山东、河北一带，婚嫁行聘礼曰"下茶"；土家族迎亲时，带一只羊、两块茶砖，表示吉祥富贵。婚礼中喜用茶，一为普遍的习俗，二是还在于"茶不移本"，"檀必生子"，它象征着孝顺、子孙繁盛。

茶礼在祭祀过程中也有表现。例如，在江西某些地区，每当中元节、大年初二时都有用茶祭祀祖宗的风俗。届时，用篮子装着一些祭品，包括鱼、猪肉、鸡、茶、酒、白米饭等。到了坟地后，燃起香烛、纸钱，倒酒、茶于地上，口中默念，祝愿祖宗保佑来年有个好收成,最后燃放鞭炮。

第四节　饮酒的习俗

我国是饮酒大国。酒与国计民生,与人们的精神生活密切相关,融进了人们的日常生活,渗入到人生的方方面面,形成为一幅色彩斑斓的民俗风情画卷。

酒是先民在饮食方面的伟大创造,它是人工制造的一种迥异于自然风味的食物。酒的产生有两大因素、两个源头:一是原始的祭祀,二是原始人对天然酒的利用和认识,两者结合,产生了造酒术。酒是民间礼俗的产物。

一、酒的种类和名酒

我国民间食用酒品种繁多,酒名不可胜计,地方特色浓郁。大致有六大类型:黄酒、白酒、果酒、药酒、啤酒、乳酒。

1. 黄酒

黄酒因色泽黄亮得名,又称老酒,是我国特有的品种,有 3 000 多年的历史。黄酒以糯米或大米为主要原料,酒精度数在 $15°\sim16°$ 之间,含丰富的氨基酸,发热量高,有多种糖类,营养成分多。著名黄酒有绍兴花雕酒和加饭酒、无锡惠泉酒、丹阳百花酒、龙岩蜜沉沉、大连黄酒、九江封缸酒等。

2. 白酒

中国白酒被列为世界六大蒸馏名酒之一,又名烧酒、白干、高粱酒。中国白酒首要的特色是香型齐全,风格多样。浓香型以四川泸州老窖、宜宾五粮液、安徽古井贡酒为代表;酱香型以贵州茅台酒为代表;米香型以桂林三花酒为代表;清香型以山西汾酒为代表;混合香型以陕西西凤酒为代表。

3. 果酒

果酒以水果为原料酿制,如椰子酒、石榴花酒、猕猴桃酒,最著名的是葡萄酒。葡萄酒源远流长,最早产于西域,东汉时内地有酿造。衍至今日盛况,既是少数民族酒文化对汉族酒文化的影响,又是汉族酒文化对少数民族酒文化的发展,是中华民族酒文化融合的产物。现今优质葡萄酒有烟台葡萄酒、长城葡萄酒、张裕葡萄酒等。

4. 药酒

药酒是酒与中药结合的产物,民族特色、文化特色最浓。它有治疗性药酒与滋补性药酒两大类,具有治病、强身、延年、美容之功。如山西汾阳竹叶青、上海华佗十全大补酒、五加皮酒等。

5. 啤酒

啤酒是舶来品,但已民俗化,成为现代城乡居民主要饮用酒之一。著名的有青岛啤酒、燕京啤酒、雪花啤酒等。

6.乳酒

乳酒主要流行于少数民族之中。其中马奶酒是用马奶酿制成的美酒,是北方游牧民族的智慧产物,在今日蒙古族、哈萨克族等少数民族中盛行,也是这些民族自饮、请客的主要酒种。

二、饮酒的习俗

自古以来,酒就是我国人民喜爱的饮料之一,每逢佳节,亲朋聚会、宴请宾客、喜庆丰收、婚丧嫁娶都少不了酒,于是形成了各种饮酒习俗。

古代饮酒的礼仪与习俗,是在酒的发展过程中形成、完善并有所损益和嬗变的。在以人为本体,以大小家庭、宗族为基础的农耕社会,对生命的繁衍、家庭的亲合十分重视。妇女"来喜",一朝分娩,就大事庆贺,喝报生酒,以后又有三朝酒、满月酒、百日酒、周岁酒。相亲结婚的"六礼",也与酒分不开。订婚要喝"订婚酒",迎亲要办"结婚酒",新婚夫妻共饮"合卺酒"(交杯酒),过生日更要喝"寿酒"。走到生命尽头,也须置酒席,既是答谢吊唁者的赙仪与辛劳,又是洗涤心中对逝者的悲哀。

民间往来、酬谢、欢庆离不开酒。有客人自远方来,置酒一壶,或对酌共饮,或数人一席,酣饮述衷肠。有人外出远行,请喝送行酒,为之"饯行"。民间造房开工、上梁、进屋都要办酒。岁时节令、祭祖酬神更是非酒不行。

与饮食相联系在一起,酒宴上的礼节自然成为酒礼制的重要组成内容。在古代的酒宴上,不仅各人的进出次序、座位方向、膳馐种类、摆宴方法等都有严格的规定,就连谁在什么时候说什么话都有规定。这无非体现尊卑、长幼、身份等级的不同。就座次规矩来讲,以东向为尊,以右为尊。饮酒的习俗多而繁杂,在地区分布上也各有其特色,尤其是在一些少数民族地区表现得更为明显。如在贵州少数民族地区多有用雕花牛角杯敬酒的习惯。在遇有客人进寨时,于进寨路上设置"拦路酒",以"阻拦"客人进寨的特殊方式隆重迎接客人。在布依族中,家家户户都有自酿米酒的习俗,在客人来时,先斟一大碗酒以表敬意。哈萨克族则以马奶子酒敬客,婚礼、宴会待客也非马奶子酒不用。

在饮酒的习俗中,人们还创造出多种形式,增加饮酒的情趣。例如,酒令就是酒桌上助兴取乐的一种游戏。形式多样,行令方法也各异,普遍的有骰子令、猜枚、划拳等。行酒令的直接作用是佐酒助兴,延长饮酒时间,并提高饮酒的乐趣与兴致,使饮者不醉,而从酒宴中得到充分的享受。它还有间接的作用:第一,行酒令把竞争引入饮酒娱乐中,逼人思考,调动起与宴者的竞赛意识,使其兴奋点全集中在输赢上,从而消除因酒酣易于造成的失礼行为的隐患。其次,酒令即是比赛,使在一个筵席上的人们有了均等的机会,泯灭了因年龄、名位、性情所形成的差别,饮酒者的思想感情也得到了交融。第三,行酒令趣味性强,有的出语诙谐,令人忍俊不禁;有的迂回典雅,因难见巧;有的喧腾热烈;有的意趣深长。这使饮宴常常处于有起伏的活跃气氛之中,同时,与宴者在精神上得到了最大的享乐。最后,由于酒令采用了赋诗、填词、对句等形式,而酒的刺激、酒令的激发往往使人心旷神怡、思路敏捷,使酒、酒令与中国古代的诗词创作产生了密切的关系。

喝酒行令既是古人好客传统的表现,又是他们饮酒艺术与聪明才智的结晶,不但能增加酒宴上的乐趣,而且还能增加许多有益的知识。所以随着人们饮酒的日益普遍,酒令也在不断丰富和发展,经历了 2000 多年至今仍然深受人们的喜爱。

第五节　中国少数民族的饮食民俗

我国幅员广大,民族众多。汉族以外的 55 个少数民族各有自己的风味饮食。它们与汉族的地方风味交相辉映,共同构成了绚丽多姿的中华风味饮食体系。以下择要介绍一些有代表性的少数民族风味饮食。

一、东北少数民族饮食民俗

1. 满族

满族主要居住于东北地区。满族菜曾经因清朝的统治而传向关内,与汉族菜得以交流,形成满汉全席这一代表古代饮食文化发展高峰的高规格筵席。现今的满族菜是东北地区著名风味饮食,菜肴以猪肉为主要原料,辅以野味及干鲜果品。满族菜的烹饪常用烧烤、白煮、煨、炖、扒、拌等法,并喜用火锅余涮肉食。口味以咸鲜、辛香、浓郁为主。有白肉血肠、烧小猪、白煮肉、双色皮冻、炒肉拉皮、扒犴鼻、葱烧飞龙鸟、白肉酸菜火锅等风味菜肴。满族还有养蜂采蜜的传统,擅长制作蜜制食品,有萨其马、果蜜子、蜂糕、黄米饽饽、艾窝窝等传统糕点。

2. 朝鲜族

朝鲜族菜也是东北地区的著名风味。肉食喜用牛肉、狗肉为原料,其中狗肉被认为有滋补作用,最宜夏天食用,三伏狗肉汤是朝鲜族菜的名肴,狗肉火锅又被称做“补身炉”。常用的烹调法有炖、蒸、煮、烤、熬、煎、拌等。口味以辛辣、脆嫩、鲜香为主。狗肉汤、狗肉火锅、八珍菜、酱牛肉萝卜块、铁锅里脊、生拌鱼、烤牛肉、朝鲜泡菜均是其风味食品。其特色食品还有冷面和打糕。朝鲜族冷面用荞麦粉、小麦粉、淀粉按一定比例压制而成,食用时加牛肉汤或鸡肉汤,再加香油、胡椒、辣椒、牛肉片、鸡蛋丝、苹果片等作调料,味美可口,常用以待客。打糕是把糯米或黄米蒸熟后,用木槌捶打,切成块,蘸蜂蜜、白糖进食。逢年过节,朝鲜族家家户户都做打糕,用以自食或馈赠客人。

3. 赫哲族

赫哲族人旧以鱼肉为主食,今以小米、面粉为主食。鱼食方法尤为多样:有将鱼肉切成薄片,拌以食盐、姜葱生食,冬天仍生食冻鱼;有将鱼肉串在烧叉上,放在火上熏烤,抹以食盐烤食;有将鱼加工成鱼条子、鱼拔子等鱼干储藏起来,平日食用;有将鱼肉加工成"鱼毛"(鱼松)食用。尤以大马哈鱼加工成的鳇鱼骨、鳇鱼筋为名贵。兽肉除烧、烤、煮食外,也有加工成肉干食用的。

4. 鄂伦春族

鄂伦春人以兽肉为主食,主要是狍、鹿及野猪肉等,今有以粮为食或肉食、粮食掺半的。早上多吃肉粥,午间与晚上多吃烤肉与煮肉。喜欢生吃兽肝和腰子,在猎获狍、鹿等野兽后,即扒出肝和腰子,晾凉后生吃。另外还喜欢食肉干。在一个家庭公社(乌力楞)内有传食习惯,即在野外围绕一个火堆,把烤好的兽肉一个人吃一点,再传给另一个人。今在饮酒时仍有此习。

二、西北少数民族饮食民俗

1. 蒙古族

蒙古族分布于东北及北方广大地区,其菜肴多以牛羊肉为主,常用烧、烤、炖、煮、涮、余等烹调方法。口味咸浓,注重鲜嫩肥美,煮肉时往往断生即食。烤全羊是蒙古族的著名风味菜,羊皮酥脆,羊肉香嫩。制作时,一般选用膘肥、体重 20 kg 左右的绵羊,宰杀后,去毛留皮,腹内塞以葱、姜、椒、盐等调料,整体烤制。这道菜端上时,是一外形完整、色泽金红的羊跪于方木盘内。其他名肴还有涮羊肉、烤羊腿、手扒肉、烤牛鞭、烧牛蹄筋、扒驼掌、糖醋驼峰等。此外,蒙古族喜食奶制品,马奶酒、奶皮子、奶酪、酥油、酸奶子、奶茶等名目众多的奶制品也是蒙古族有特色的风味饮食。

2. 维吾尔族

维吾尔族是新疆地区人口最多的民族,风味饮食很有特色。主食为馕、抓饭。馕是一种用小麦粉或杂谷粉烤制的饼状食品,加有白糖、鸡蛋和奶油的馕,吃起来香甜可口。抓饭是用大米、羊肉、羊油、胡萝卜、洋葱、葡萄干、杏子、瓜干等放在一起煮焖而成,食用时用右手的三个指头抓食,故名抓饭。维吾尔族信奉伊斯兰教,其菜肴属于清真菜系,忌食猪、狗、驴、骡、猛禽、猛兽之肉,也忌食动物血、无鳞鱼和自死的动物。肉食主要为牛羊肉。烤全羊、烤羊腿、手抓羊肉等菜肴和蒙古族的同类菜肴风味相似,但维吾尔族还有独具特色的风味羊馔,最具代表性的为烤羊肉串,维语称之为"嘎巴布"。维吾尔族常见的风味食品还有羊肉馅包子、食拉面等。维吾尔族的拉面无汤,食用时装入盘内,上面放一些用辣椒、洋葱、茄子、羊肉等炒制的菜。奶茶和瓜果也是维吾尔族不可缺少的常见食品,此外,还常饮加糖的红茶。

3. 回族

回族主要居住于西北的宁夏、新疆以及西南的贵州、云南等地,并广泛分布于我国各地。回族信奉伊斯兰教,回族菜也属清真菜系,其食俗上的禁忌和维吾尔族相同。由于回族分布广泛,其清真饮食也有差异。在西北地区保留较多的阿拉伯饮食特色,常用孜然、胡椒、辣椒粉等辛香调料。长江以北的回族清真馆受京、鲁菜的影响,烹调方法较精细,擅长烹制牛羊肉。江南和南方的回族清真馆则常用水产、家禽为原料,口味较清淡。回族的清真菜点中,牛羊肉泡馍是一著名的风味小吃,西安的同盛祥和"老孙家"清真馆制作的牛羊肉泡馍名闻全国。油香也是回族的特色风味食品,由面制作油炸而成,在节庆时常用以自食或馈赠亲友。回族菜以擅长烹制羊馔出名,有涮羊肉、葱爆羊肉、酱牛羊肉、抓炒里脊、炒羊肝、炝羊腰、黄焖牛羊肉等名肴。有的清真馆还能烹制全羊席,一桌筵席或蒸、或煮、或炒、或烹、或爆、或溜、或炸、或熏,有菜、有羹、有汤,甜、酸、咸、辣诸味齐备,原料都是取自羊身。全羊席属回族菜中规格最高的筵席。

三、西南少数民族的饮食民俗

1. 藏族

藏族主要分布于青藏高原,是西南地区的主要少数民族。藏族的日常食物主要有糌粑、牛羊肉、酥油茶、青稞酒。糌粑是以青稞麦炒熟后磨成的面粉,拌和酥油茶或青稞酒,以手捏成的小团。藏族人吃牛羊肉常将大块肉放在盐水中煮熟后用刀割食。此外,还有一些特殊的肉食加工法,如把牦牛或羊的内脏掺入糌粑、血和调味品,灌入肠子,制成称做"久玛"的腊肠。食用时,吃多少割取多少,用以油炸、炖煮或烤食。把牦牛肉切成条,置盐水中腌渍,然后用烟熏干或晒干制成的肉干,叫做"夏·坎布"。它是牧民前往宗教圣地朝拜时经常携带的食品,可单独食用,也可把它和奶酪一起碾碎,拌在糌粑中食用。藏族的烹调在牧区和农区有所不同,牧区烹调简单粗放,调味品只用盐;农区烹调方法多一些,调味品也较丰富。风味菜肴有手抓羊肉、余灌肠、烤牛肉、虫草炖雪鸡、蘑菇炖羊肉、藏红花肉丸等。此外,还有蕨麻米饭、人参果拌酥油米饭等风味食品。

2. 傣族

傣族居于云南南部,地处亚热带,以糯米为主食,竹筒糯米饭是其风味饭食。傣族菜肴取料广泛,常用原料除猪肉、牛肉外,还有狗肉、鱼、螺、竹笋、白菜等,火雀、蚂蚁、青苔也可入馔。烹调有烘、烤、煎、炸等技法,一般不用炒法。嗜酸、嗜辣与多用香料是傣族菜的一大特点。傣族家庭有一种特制的干酸菜,是傣族菜必备的调料,做菜时加入少许,便有很浓的酸味。其制作方法是先把青菜晒干,用水煮熟,加入酸木瓜汁,使其变酸,再晒干存放。傣族烹制食品时,一般不用酱油,而用盐、辣椒、香草和干酸菜作调料。有名的风味菜肴有香茅草烤鱼、酸肉、番茄喃咪("喃咪"为傣语,意为酱腌品)、炸竹蛆、蚂蚁卵酱、青苔菜等。

3.壮族

壮族生活于广西,是我国少数民族中人口最多的一个民族。壮族人善于烹调,其菜肴选料广泛,家禽、家畜、飞禽、走兽、蔬菜、昆虫均可入馔。糯米、狗肉、猫肉是其爱吃的食品。壮族人食猫的习俗和广东人相近,其烹调中的调味品也多与广东人相似。壮族菜使用的调味品,除常见的桂皮、八角、胡椒、花椒、草果、陈皮外,也用沙姜、酸梅、柠檬、椿芽、紫苏等。口味偏辣、偏酸,这又和西南、中南地区的其他少数民族菜口味一致。常用的烹调手法有炒、烤、焖、炖、扣、腌等。有火把肉、子姜野兔肉、白切狗肉、白炒三七花田鸡、皮肝糁、清炖破脸狗肉、香味烧油鱼、红花菜等名肴。

四、中南少数民族饮食民俗

1.土家族

土家族以大米为主食,山区主食为玉米。喜食酸辣,有"辣椒当盐"之说。善饮酒,有的地区喜喝茶汤。玉米吃法一般是磨成粉蒸熟,做成玉米粉子饭,拌合渣而食。

2.黎族

黎族以大米为主食,辅以木薯、红白薯。一般一日三餐,习惯在收割时将稻穗摘下,储置仓中,吃时一把一把拿出来放入木臼中脱粒,舂一次吃一次,故妇女黎明即起来舂米。以三石为灶,用陶锅煮食。肉食以火去毛,或火烤抑或拌以米粉、野菜腌渍成酸而食。男子嗜烟、酒,习惯用陶缸盛酒喝,烟以竹制水烟筒吸食。有的地区以小竹管吸酒敬客。妇女喜嚼槟榔,裹以贝壳灰和青萎叶。

3.畲族

畲族的饮食以大米、红薯、面粉、豆类为主。把大米和蕃薯丝放在锅中煮涨后,捞出来放甑中蒸熟,叫蕃薯丝饭。景宁畲村有这样一种习惯,一甑要煮三种饭:白米饭捞一角,以招待客人;半米半蕃薯丝的,给老人孩子吃;绝大部分是蕃薯丝的给年轻力壮的吃。饮茶是畲民的传统习惯。畲区茶叶都是烘青。客人一到或邻舍来串门都以茶相待,一般要喝两碗。有种说法:"喝一碗是无情茶。"还有一种说法:"一碗苦,二碗补,三碗洗洗嘴。"所以,只要接过主人的茶就要喝第二碗。如果很渴就喝第三碗、第四碗……,再重沏也行。畲民喜欢喝酒,畲家以有酒喝为生活好的标志。畲族的"豆腐儿"略带甜味,调上辣椒,放在锅中边煮边吃,又热又辣,吃得满头大汗,极为舒服。

　　(本章内容参见彩图 5-1～彩图 5-10)

第六章　服饰民俗

服饰民俗是物质民俗的重要内容，服饰是人类智慧的产物，是人类独有的特殊技巧和文化现象。不同时代、不同民族、不同地域服饰的特点及演变历程也各有不同。服饰作为一种物质现象，是人类物质生产的产物，是一个民族审美情趣、工艺水平和民族个性的体现，具有较强的外显特征，同时又承载着人们的政治、宗教、哲学、伦理、审美等精神文化现象。

第一节　服饰民俗概述

一、服饰及其构成

服饰民俗是民俗的重要方面，是民俗事象中最活跃、最具时代特征的民俗事象之一。服饰是一个民族文化的表征，服饰民俗是人民思想意识和精神风貌的体现。研究与学习服饰民俗有助于人们对历史、社会、人民的认知，同时能提高旅游活动的益智性。

1.服饰民俗的概念

服饰，指人们穿戴在身上的服装与饰物的全部，包括服装本身及与服装并存的有关饰物。服饰民俗即人们在长期社会生活过程中，在衣着穿戴方面所形成的共同行为习惯和文化理念。

服饰民俗包含以下几层意思：

(1)服饰民俗是在长期的社会生活过程中形成的，具有一定的章法和行为规范。

(2)服饰穿戴规范是一定社会的人们约定俗成、共同认可的。

（3）服饰民俗体现着历史对文化的传承和发展,是人类精神财富的重要组成部分。研究服饰民俗的目的是为了在对历史文化继承的同时,为现代社会人类的生活服务。

2.服饰的构成要素和结构类型

服饰是人体外部装饰的总称。其主要功能一是保护身体,二是美化装饰。

服饰的主要构成要素是:①质。指服装原料的性质;②形。指服装的式样;③饰。指佩带的饰物;④色。指服装的色彩;⑤画。指服饰的花纹图案。具体内容见下表6-1。

表 6-1　服饰的种类

类　型	内　容
衣　着	不同的质料如棉、麻、丝绸、毛纺、化学纤维、皮革制作的衣、裤、袍、裙、鞋、袜等
各种附加的装饰物	头、颈、胸、腰、手、脚等部位的装饰物,如:发结、花饰、耳环、项链、胸花、戒指、脚铃等
对人体自身的装饰	梳各种发式、画眉、文眼线、割眼皮、穿鼻、隆鼻、描唇、镶牙、染牙、染指甲、束颈、束胸、隆胸、缠足、文面、文身等
佩带在身上、具有装饰作用的生产工具、护身武器和日常生活用品	各种佩刀、腰刀、弩弓等,各种背篼、挎包、手提包、荷包、钱包、化妆包、香囊袋等,各种手帕、扇子、拂尘、伞以及背孩子用的背带等

二、服饰民俗的形成及影响因素

服饰民俗是生活文化的重要组成部分。通过服饰民俗,可以表现人们的物质生活水平和社会时尚,也可以反映出人们的生活方式与伦理观念,同时还能体现出群体的智慧和创造。服饰民俗地域性、民族性、历史性特征十分明显,内容广泛,形式多样,它的形成、发展受多方面因素的制约。

1.服饰的形成与发展

服饰的形成与发展大体经历了四个阶段。

第一阶段:以遮身蔽体、防寒御暑的生理需要为主要目的。这一时期的服饰没有明显的性别和年龄差异,地区之间的差异也很小,主要由于自然条件的不同而存在一些差异。

第二阶段:服饰除遮身蔽体之外,还以适应生产需要为主要目的,并因生产条件和生产方式的不同而产生明显差异。如游牧民族多穿宽大长袍,以便于骑马放牧,并保护腰腿不受风寒。水乡渔民多穿短衣短裤,以便于撒网捕鱼。

第三阶段:服饰的社会性特征成为主要需要,彰显社会角色和等级身份。随着家族制度、社会制度的变化和社会等级的变化而变化,身份的尊卑,地位的高低,都在服饰上有所显现。如黄色衣服是皇家的标志,紫色衣服是达官贵人的标志,灰色、蓝色衣服成了平民百姓的标志。

第四阶段:这一阶段的服饰除上述功效外,还反映出某些社会观念、政治观念方面的变化,成为人们展现自我、美化自我、美化生活的重要手段。

2. 影响服饰民俗的主要因素

服饰在世世代代的民俗传承中,形成了多种类型以及多彩多姿的民俗风貌。影响服饰民俗发展的因素很多,概括起来,主要有以下几个方面。

(1)经济条件的影响 服饰民俗的演变决定于经济基础的驱动,尤其是在生产力水平不高的古代,制造服装的原料主要靠天然或人工培育的动植物,如皮裘、羽毛和葛藤、芒麻、棉花、蚕丝等。汉唐是经济大发展的时代,封建经济繁荣昌盛,丝绸之路的贯通,织造印染技术的进步,使得服饰的面料、色彩丰富多样,露臂与开胸的各种服饰样式琳琅满目。我国自改革开放以来,随着经济的发展,国力的增强,制造服饰的衣料质材更加丰富,人们对服饰的追求日趋美化,服装的款式、花色品种不断翻新,经济的繁荣与发展,驱动了服饰民俗的极大发展。

(2)历史文化传统的影响 传统一旦形成,便成为千百万人遵守的行为规范,中国传统文化的一个重要的人生处世观念是中庸之道,凡事不冒尖,不人后,对人包涵、大度,处事沉稳。这种中庸思想体现在服装审美上就是讲究"中和"。在色彩上,讲究调和、谐美;在款式上,推崇含蓄。另一方面,中国人素有敬祖、尊师、"以古为训"的传统,这使得服饰民俗发展受到一定的束缚。我国的长袍、长衫成于秦汉流传 2 000 余年而不变;中式长裤从先秦的腔衣变成裤子,以后也无变化,这都是"以古为尚""讲求出典"的历史文化传统所致。

(3)地理环境的影响 服饰的产生和服饰民俗的形成与发展与人们生活的地理环境有着密不可分的关系。地理环境对服饰民俗的影响主要表现在两方面:一是服饰的形制;二是服饰的质料、品质与数量。地理位置不同,自然条件就不相同。中国幅员辽阔,地形复杂,气候多样,造成了我国极为丰富多彩的服饰印记。例如:东北地区冬长夏短,冬天气候寒冷。与这种气候特点相适应,东北服饰以冬装为主,注重保暖。人们经常头戴皮帽,身穿棉衣或皮衣,手戴手套,脚穿皮靴。而我国江南地区四季分明,气候适宜,动植物资源丰富。这使得江南服饰资源丰富多样,不仅有棉、麻、藤、葛、丝,还有兽皮、珍珠等。由于四季分明,江南服饰也四季更迭,花样百出。夏日短衫短裤,冬天则棉衣、棉袄,春、秋两季则多夹衣。不同的季节,服饰的色彩也有讲究,夏重素雅,冬重暖色调,春秋色彩斑斓等。

(4)宗教信仰的影响　宗教信仰是影响服饰民俗发展的重要因素。我国有许多由宗教信仰所形成的服饰形态的例子。如伊斯兰教民众喜欢穿白衣、戴白帽,是由于他们的信仰和教义要求在室外头部不可以直接对着天空。民间信仰在服饰上的表征也很鲜明。例如,四川凉山的彝族以黑虎为图腾,崇尚黑色。彝族男女老少一身黑衣,男服襟边绣上"虎"字,小孩戴虎头帽。苗族有鸟信仰崇拜的传统,苗族妇女就爱穿用白色鸟羽毛装饰衣边的"鸟衣"。还有一些地方喜欢红色兜肚、红色腰带、红色裤衩,都与当地民间信仰有关。

(5)社会风尚的影响　社会风尚即社会风气,是社会广为流行的仿效行为模式。宋朝初年,政府规定平民、商贾、工匠等百姓的衣服一律使用白、黑两色。到北宋中期以后,由于城市经济的发展,市民生活趋于活跃,不断追求时尚,服饰不仅在色彩上突破限制,红、绿、蓝、橙、紫流行社会,而且在式样上也大胆超越。现代社会,追求衣着时髦成为一种风尚。当一种时髦流行一段时间失去新意后,社会不再崇尚,这时另一种新的时髦开始风行。这些都是社会风尚所致。

(6)文化交流的影响　服饰是民族或区域文化的载体,体现了该民族或地区人民的文化心理素质和价值观念。不同民族和地区间的长期文化交流,不可避免地产生服饰民俗的相互渗透,相互涵化。例如,魏晋南北朝是我国第二次民族大融合时期,少数民族服饰(史称胡服)不断汉化,中原汉人的服饰也从少数民族服饰中吸取了很多精华,更加适体。另外旗袍本是满族八旗妇女的常服,圆领、窄袖,下摆特别宽大。民国时期,因西方服装的传入,旗袍出现了时装化的风尚,袍袖收小,甚至无袖露臂,袍长缩短,衣边改窄,收腰,突出女性的曲线美,并能与西装、背心、绒线衫搭配。从此,旗袍成为中国女性的国服,并走向世界。

总之,影响和制约服饰民俗发展的因素很多,其中最主要的是历史传统、地理环境以及宗教信仰、文化审美情趣的影响。

三、服饰民俗的文化内涵

1.服饰习俗惯制

服饰既是人们生活中不可或缺的物质需求,同时也成为社会生活中重要的习俗惯制之一。除了各个时代官方规定的服饰制度外,民间通常有四种服饰习俗惯制。

(1)实用的习俗惯制　即基于服饰自身的使用价值而形成的习俗习惯。如面料的材质喜好、做工的经久耐穿,样式的舒适合体等。

(2)观赏的习俗惯制　即指在服饰的使用性基础上派生出来的民俗习惯,但却受到生活消费水平的严格制约。人们在生活贫困和生活富裕的不同状态下,对服装的观赏要求有着巨大的差别。

(3)信仰的习俗惯制　即把实际生活中的服饰习俗与信仰习俗相结合产生的某种惯制。如寿衣、周岁鞋等。

(4)礼仪的习俗惯制　是完全出于社会礼俗的需求而形成的着装习俗,不一定要考虑服装的实用性或观赏性。如结婚礼服、孝服等。

2.服饰体现的社会观念

服饰的变化除了生产和经济的变化外,更重要的是来自观念的变化。服饰成为观念变化的物质载体,具有丰富的文化内涵。以中国服饰为例,其所体现的社会观念,大致有以下几个方面。

(1)崇宗敬祖,强调礼仪伦常　儒家思想在我国传统思想中占据重要地位。儒家重礼仪伦常,重视孝行。这种社会意识在服饰民俗中有突出表现。在行诞生礼、成年礼、婚礼和丧礼,这四种重大礼仪产生的 4 次换装,每次换装都有不同的方式与内容,体现了中国的礼仪伦常和崇宗敬祖的观念。

(2)求吉心理　求福趋吉,是人们最普遍的心理趋向。如汉族儿童戴的虎头帽、彝族妇女戴的鸡冠帽都是为了求福趋吉。这种趋向反映在衣服图案和装饰等许多方面。

(3)表现民族的自我意识　服饰是各民族在形成和发展过程中固定下来的属于各民族独有的心理状态的视觉符号,穿着同一种服饰的人时时都在传递着一个信息:我们是同一民族的人,并因此而强调同一民族的内聚性和认同心理。

(4)体现着各种不同的审美观念　服饰中所包含的各种观念,往往交叉组合,多向延伸。现代人崇尚个性发展,服饰的个性化就是其主要的表现形式之一。因此,服饰风格是个人文化素养的体现。

第二节　中国各朝代民俗服饰特点

我国是历史悠久的文明古国,有"上下五千年"的文明史,历史上的服饰民俗流变十分丰富,各朝各代的民俗服饰异彩纷呈。历史上中国服饰有两大类型:一是官府服饰,二是平民服饰。属民俗范畴的服饰是平民服饰。

民俗服饰在历史上的基本特点是阔袖长袍、温文尔雅,深受封建礼教的熏陶与约束,但每个朝代又都有它自己相应的特点。

一、先秦时期

我们的祖先早在旧石器时代就生活在中华大地上,那时人们仅以树叶、蔓草遮体。到新石器时代,先民们发明了纺轮、骨针,纺造粗衣麻布,揭开了我国服饰发展的序幕。商周时期,人们的服饰较为俭朴。服装多用粗布、毛褐,质料多为麻、兽毛、兽皮。服制为上衣、下裳。上衣长至膝、紧窄、袖小,下裳分两片,一片遮前,一片蔽后。衣裳间束带。女服与男子基本相同,但多了一条长过膝的相当于围裙的襜。

春秋战国时期,我国服饰民俗发生了很大变化。服饰形制一改上衣下裳的两段式,形成一体围裹全身的深衣。其形制简便,穿着适体,全蔽两股阴私。无论贵贱,无论是便服、礼服乃至祭服皆流行深衣。春秋战国是我国上古社会转型期,思想领域"百家争鸣",服饰民俗各国都因地制宜,"各殊其俗"。在与少数民族的交往中,华夏族也吸收了胡服的长处。

二、秦汉时期

秦统一六国后,兼收六国的车旗服饰,规定了包括服饰在内的典章文物制度,汉承秦制,又有了进步。秦汉男子多用袍衫。禅衣也是这时男子的常服,多用麻布制成。仕宦在家燕居时脱掉袍衫,常穿此服。秦汉普通男子爱穿大襟袖窄短衣、长裤,裤脚卷起或扎裹腿肚以便劳作。汉代妇女服装以深衣、袿衣、襦裙为主。深衣宽袍大袖,腰身裹紧,下摆肥大而拖地,胸前绕襟层数普遍增加。袿衣与深衣相似,襦裙即襦与裙。襦为长至腰间的短上衣,下必配裙。汉裙以绢、布四幅、五幅至八幅连接,每幅上窄下阔,不修边缘。穿时围裹腰身,成为围裙。

汉代妇女以梳髻为尚。贵妇人家假髻上还插有"六笄""步摇"等金银饰物,下垂珠宝花饰。男子首服多用方巾包扎,时称巾帻。足衣形制很多,有皮履、帛履、齿履等。先秦的履,在汉时已称鞋,多为皮革制造。总的来说,秦汉服饰除首服外,男女服装差异不大,但服装图饰之典雅、色彩之丰富已大大超越前代。

三、魏晋南北朝时期

魏晋南北朝是我国第二次民族大融合时期,这种交流与融合对我国服饰民俗的发展起到很大的推动作用。魏晋仍承汉制,男士上穿袍衫、短襦,下穿裤、裈。这些都属秋冬男服。春夏则以衫为主,因衫为对襟直领,衣身宽松,袖口宽敞,比袍更为方便,不分男女都爱穿,尤得读书人喜爱。另外,在北朝地区的男子还流行有叫裤褶的便服。其形制上身窄袖短衣,下体合裆长裤,并用带子在膝部缚束起来,合成为"裤褶"。女子上衣著襦、衫,下体著裤、裙。衣衫领、袖、襟、裾均施边缘,胸前多采用对襟直裙。裤子已发展为满裆裤。首服有巾、冠、帽三型,但以幅巾为主。这时期的头巾,大多被缝制成固定的形状,有幅巾、纶巾、角巾等。戴帽子很流行,这时的帽子不限于御寒,春夏之季也戴。质料丰富,类型多样。

四、隋唐时期

隋唐两代,国家统一,经济发达,生产力水平极大提高,对外交往频繁,服饰也有了空前的发展,不仅在材质、印染纺织技术上达到很高水平,在款式、纹饰方面更加讲究。这个时期男子着装是袍、衫、短袄、长裤,上戴幞头,下着皮履。读书人多穿长衫,庶民穿的短些,长不过膝,以便劳作。色彩多为白色,即未经染彩的素衫、素袍。下体一律配穿裤子。隋时裤管宽大,膝处系扎。唐时裤管紧窄,直通脚背还加翻边。首服流行幞头、纱帽。幞头是由头巾发展而来,样式几经变化,有不同的造型和裹戴方法。

妇女服饰华丽,奇异纷繁,风雅大度。主要有短襦、长裙、衫子、半臂等。发型多样,面妆也十分丰富,佩饰博采各族之常,令人目不暇接。

襦是这一时期妇女最普通的上装,盛唐后襦服趋于宽松,袖子变阔,而领式变多,在年轻妇女中流行袒领,并且不穿内衣,胸脯露外。与短襦配套的是长裙。隋长裙曳地,唐裙更长,裙子的色彩也非常丰富,红裙的染料系从石榴花中提取,因而又称红裙为石榴裙,后来石榴裙被当做妇女的代称。夏天,妇女多穿短而窄小的单衣称为衫子。唐代还出现了两种新女装,称为半臂和披锦。半臂类似今日的半袖衫,披锦有两类,一类如今日的披风,使用时围于肩背,为出嫁女专用;另一类形似披肩,幅窄,长度很长,由后至前披于臂间,犹如两条飘带,十分飘逸潇洒,为未婚女用。

唐代服饰民俗的一个重要特点是胡服流行。唐代妇女爱着男装,就是胡风影响的结果。

五、宋元时期

宋元服饰已不如隋唐那样缤纷,更趋于多样化,各民族的服饰虽有融合,但仍按各民族间各自特点发展。汉族男子以襴衫、短袄、布袍、道服、裤子、乌纱帽、幅巾等为主要服饰。士大夫、学子多用白衫,庶民、仆役则多穿皂衫。道服(道袍)为平民与士人常穿之服。因与道士服相近,故称为道服。幅巾,即头巾,庶民多用一块布裹住头发,可根据头巾样式区分职业和身份。

汉族女子除唐时有的襦、袄、衫、半臂、裙、裤以外,背子、背心、抹胸、裹肚都是这时新流行的服装。背子又称绰子,直领对襟,衣长齐膝,窄袖,两腋不开衩,色彩丰富,上至宫妃、下至奴婢、优伶乐人甚至燕居男子均喜穿着。背心,对襟直领,无袖,不分男女都可穿用,妇女多罩在襦、袄之上。夏季常见市镇市民、商贩,背心、短裤、麻鞋配穿。裙式也有明显变化。宋裙虽也是长裙,但裙头已从唐代的胸、腋下降至腰间,并系腰带,同时款式兴"百褶裙"乃至"千褶裙"。

上层妇女已有缠足之习,多穿"弓鞋",鞋头很尖,鞋底内陷,形似弯弓,俗谓"三寸金莲",到元朝,江南地区妇女扎脚之风甚流行。

契丹族、女真族、蒙古族由于地理与文化背景非常接近,服饰也大同小异。女真族与契丹族服装基本一致:袍衫、直领、左衽,质料以皮、裘为主。蒙古族以长袍为主,式样较为阔大,都是窄袖袍、圆领、宽下摆,腰部有宽围腰。

总之,这一时期男子崇尚襕衫,女子崇尚背子。女服已由唐朝的丰腴雍容转变为典雅清秀。受"程朱理学"影响,服饰的款式转向保守,色彩转向质朴清净、自然淡雅。

六、明清时期

朱元璋建立明朝后,十分重视冠服制度,制定了一套符合汉族传统和审美习惯的服饰制度,这套制度对民间服饰习俗有巨大的影响。

明代士庶男子仍以传统的袍衫类为主,但做了改进,称为道袍、曳、褶子、罩甲等。女子常服有衫、襦、袄、帔子、背子、裙子,此外还有"水田衣"及"主腰"等新创品种。

值得指出的是,明代服饰的款式搭配、长短比例、色彩对比都达到很高的美学水平:大凡衣短则裙长,衣长则裙阔;衣长至膝下,则裙子自可不必多加装饰;衣短显露裙身,则需裙带、裙色、裙花等装饰裙身。这种对立统一的和谐美学原则至今仍有实用价值。

这一时期,妇女穿着也表现出一种朦胧的人性美追求。衫子紧身狭窄,两袖狭小,把身体、双腕紧紧裹住,体现出女子的妩媚身姿。背子、衫、襦,胸前领口开得很深很大,露出内衣主腰。女子以梳髻或包头为尚。髻有真髻与假髻两种。包头冬用乌绫,夏用乌纱,裹额,垂后,打方结。男子流行"四方平定巾"(方巾)、网巾、六角巾、绒巾、瓜皮帽等。

总的来讲,明代服饰民俗崇尚汉唐风韵,由初期的俭朴逐渐趋于华丽,纹饰丰富多彩,面料不断推陈出新,尤其是棉布迅速成为主料。

清兵入关后,为巩固政权,强制推行满族的民俗习惯。表现在服饰方面就是要汉人剃发易服。清政府的这种"留头不留发,留发不留头"的铁血政策遭到汉人的强烈抵制。虽然官场服饰以满式为主,但因满汉混居,交往频繁,潜移默化,互为渗透,民间服饰特别是女服仍以汉式为主,但满汉服饰的融合也是势之必然。

士子头戴瓜皮帽,身着长袍、马褂、长裤,束腰带,挂钱袋、扇套、小刀、香荷包,脚着白布袜、黑布鞋。劳力者头戴毡帽或斗笠,着短衣、长裤,扎裤脚,罩马甲,或加套裤,下着篷草鞋。清代男服以袍、褂、袄、衫、裤为主。马褂,是清朝新装,穿着舒适、简便。还有一种长褂,一般用在袍服外。

女子服饰在"男从女不从"的规范下,满汉都各自保留自己的民族服饰。满族旗女的典型服饰是旗袍,系围巾,梳二把头,着木底鞋。清代妇女下体常用五式裙子,种类有凤尾裙、弹墨裙、月华裙、百榴裙。光绪间裙式多装饰,或装飘带,或绣纹,或缀铃等。

女子头饰也分满汉两式:满族梳二把头,汉女留牡丹头、荷花头。后来高髻流行,为叉子头、燕尾头等。未婚女子则梳长辫或双丫髻、二螺髻,留刘海。北方喜插银簪于髻上,南方喜横插木梳一把。旗女木履底鞋,脚高一二寸甚至四五寸,跟装于中部位。汉女缠足,着尖头弓鞋。

七、民国时期

随着辛亥革命的胜利,结束了 2 000 年的封建帝制,服饰也跟着社会潮流变动而迅速剪辫易服,废弃了旧时烦琐衣冠服饰制度,废除了封建时代官民服饰的严格等级与服装禁例,废除了妇女的缠足恶习,废除了不便于生产劳动的宽衣大袖,从此改变为轻便适体、方便劳作、讲究美学的现代服饰。

男子服装有多种穿着方式:

(1)长袍、马褂、瓜皮帽、中式裤子、布鞋、棉靴　在革新的同时中国人向有敬祖、信奉先人以古为训的传统,最常见的恪守祖宗典法的服装就是长袍马褂。只不过此时去掉了烦琐的装饰附件而已。

(2)西装、礼帽、皮鞋　西装冬毛夏葛,礼帽圆顶、边沿宽而略翻起,也多黑毛(冬天)白葛(夏天)。洋务者、留洋者、趋新青年尤喜好。

(3)学生装、西裤　学生装是清末从日本引进的日本制服,是西服的派生品。

(4)中山装、西裤　中山装是按孙中山意愿创制的新国服。从儒教礼、义、廉、耻为国之四维设四个口袋,按照五权(行政、立法、司法、考试、监察)分立而确定前襟五个扣纽,又据三民主义而在袖口排三粒扣子,把西服融入中国传统意识中,减少西装的飘逸,减去传统服装的臃肿。

(5)长袍、西裤、礼帽、皮鞋　中西合璧的着装,既有西装的潇洒英俊,又具传统风韵,在 20 世纪 30—40 年代流行。

(6)衫、马甲、瓜皮帽,扎裤管、着布鞋　这都是城镇居民乃至劳动者的常用服式。女子服装常见高领、窄身短袄和黑色长裙相配,不施纹饰,不戴簪钗,也不戴手镯、耳环、戒指。多行于 20 世纪 30 年代,简便而清新,时称"文明新装",玲珑娴雅。旗袍也是常服。20 世纪 20 年代后受西方影响,首先在上海出现改良旗袍:衣领紧扣,斜拉右襟,腰身收紧,曲线玲珑,从而表现、衬托出东方女性文静、端庄、优雅的风姿。视经济情况可绸可布,可粗可细,贫者适体,富者华贵,异彩纷呈,很快成为女性在社交场合或重大典礼时的首选国服。

第三节　中国少数民族服饰民俗

我国地域辽阔,民族众多,服饰民俗的地域风情极为多样,55 个少数民族多处在山区与边区,与外界联系少,相对闭塞。在大自然的慷慨与恩惠中,少数民族就地取材,创造出风姿绰约、姹紫嫣红的民族服饰。土节介绍的主要以汉族为主的服饰的发生和演变过程,下面介绍一些少数民族的服饰民俗。

一、西南地区

1. 苗族

苗族分布于黔、川、滇、桂、粤等省区。苗族服饰服色斑斓,以黑为主,款式多,配件多,全身银器饰物。苗族男子的服装多是头缠布帕,身穿对襟衣,袖长而小,裤筒短而大,喜包青色裹腿。头帕有青帕和花帕两种,缠戴时多成斜十字形,大如斗笠。衣服的颜色有花格、全青、全蓝等,其中以花格布衣最有特色,衣扣一般有 7 颗。苗族妇女一般上穿大领短衣,下着长或短的各种百褶裙,裙外罩有裙片。长裙长及脚背,短裙仅 1 尺 2 寸左右。有的地方上穿大襟右衽衣,下穿裤子。上衣的两袖和下摆常绣有彩色的花纹图案。腰带用丝织品染成,很有特色。

2. 壮族

壮族大部分居住在广西,少部分在云南文山、广东连山、贵州东南及湖南江华等地。壮族男子多穿对襟上衣,纽扣以布结之,胸前缝一小兜,与腹部的两个大兜相配,下摆向里折成宽边;下裤短且宽大,有的缠绑腿,扎绣有花纹的头巾。妇女穿藏青色或深蓝色矮领、右衽上衣,衣领、袖口、襟边都绣有彩色花边,下着黑色宽肥的裤子,也有人穿有彩色刺绣和布贴的黑色百褶裙或青布蜡染筒裙,扎布贴、刺绣的围腰,戴绣有花纹图案的黑色头巾。节日或赶墟歌场穿绣花鞋,披戴绣花垫肩。

3. 傣族

傣族主要居住在西双版纳地区。傣族的传统服饰为男子多穿对襟或大襟元领短衫,肥筒长裤,也有少数人穿深色筒裙,用白、青、浅蓝、淡黄色的布包头;女子服饰因地域不同而有明显差异。西双版纳的妇女上穿白色、红色或淡绿色紧身窄袖短衫,下着各种花样的长及脚面的筒裙,束银腰带,喜欢留长发,并挽髻于头顶,插上梳子或鲜花,典雅大方;也有用大布巾包头。德宏和耿马的妇女上穿齐腰短衣,下着色彩艳丽的筒裙,发髻束于脑后,余发散拖一绺在背后。服饰衣料过去为土布,现多为丝绸、细花布,更显傣女亭亭玉立、婀娜多姿的身材。

4.白族

白族以大理附近为聚居地。白族崇尚白色，男子的包头，女子的帽箍，男女上衣、裤子都喜欢用白色和接近白色的浅绿、浅蓝等颜色。白族妇女常将色彩艳丽的图案绣在挂包、裹背、腰带、包头布、鞋等饰物上。淡雅朴实，色调和谐，审美境界高雅。

二、西北地区

1.藏族

藏族主要居住在青藏高原的西藏、甘肃、青海、四川、云南等地。藏族喜爱长袍，其式样基本相同。面料为兽皮里、呢布面，边缘均翻出很宽的毛边作为装饰。男子皮袍较肥大，袖子很长，腰间系带。女子平时爱穿斜领衫，外罩无袖长袍，腰间围彩条长裙。男子头上戴头巾或侧卷檐镶边皮帽、毡帽。妇女则裹头巾或是将辫子中夹彩带盘在头上，成一彩辫头箍。腰间有许多银佩饰与挂奶钩，并喜耳环、手锡等饰件，以颈、胸及腰部的佩饰最为精美，如佛珠、银牌、银链、银环等。藏族服饰最明显的特征有：第一，藏袍穿着时，常常喜脱掉一袖，袒露右肩，甚至于脆脱掉两袖，将两袖掖在腰带处。袍内可着布衣，也可袒胸而不着布衣。这与高原上天气多变、忽冷忽热及藏民游牧的生产方式有关。彩条氆氇可作为女子前围腰，也常作为男袍的边缘装饰。有红、黄、绿、蓝、白、紫等色条，杂陈中显现出闪闪发光的效果。第二，男子腰间常佩短刃、火石等在山林原野生活的必需品。

2.维吾尔族

维吾尔族主要居住在新疆维吾尔自治区。男子着竖长条纹长衫，对襟而不扣，腰间扎方巾，内衣侧开领，外衫前襟直接敞开，流畅潇洒。女子着丝绸长衫或连衣裙，大开领、圆领，尤其以大翻领为多，领口不扣。艾得里斯裙为维吾尔族女子最喜爱的服装，外套为红、深蓝或黑绒坎肩，贴身而合体，前胸多绣葡萄花纹。维吾尔族信仰伊斯兰教，所以男女老少一律戴绣花帽，其中最小的圆帽直径仅 10 cm。脚穿长皮靴，外套套鞋。

3.回族

回族除在宁夏回族自治区较集中外，在其他地区居住较为分散，几乎遍布全国。回族男子穿长裤、长褂，或外罩深色背心，白衫外缠腰带，头戴白帽是他们标志性的服饰。式样为无檐小圆帽，也有戴黑色的，最初是做礼拜时戴，现在已成为民族标志。女子着衫，穿长裤，里戴绣花兜兜，或长衫外套对襟坎肩，一般把头裹得严严实实的，只把脸露在外面，根据年龄的不同，选用的颜色有所不同，姑娘用绿色的，中年用青色的，老年用白色的。鞋子与汉人无异。

三、东北地区

1. 蒙古族

蒙古族主要居住在内蒙古、辽宁、青海、黑龙江、新疆、吉林、甘肃等省区。蒙古族服饰多样,有袖过手指,有满头珠翠,有衣衫遍绣的,但基本是着长袍。蒙古族男子多穿滚边长袍,身段肥大,下端没有"开启",无彩色滚边。男女都喜扎红、黄、绿等色绸缎腰带,脚穿皮靴或布靴。冬装是皮衣、皮帽和毡靴。农区的蒙古族居民多穿布料服装,夏季穿鞋子,冬季穿类似半统皮靴的"唐吐马"、毡靴。

2. 满族

满族散居全国各地,以辽宁为多。满族妇女一般穿旗袍,头梳二把头,脚穿马蹄形或花盆形底绣花木底鞋。旗袍最早是直统式,腰部无曲线,下摆和袖口较大。今为高领,胸襟宽松,腰围微紧,下摆开衩,袖式多种样式。衣身长短不定。按季节分单旗袍、夹旗袍及衬绒旗袍多种。另可在旗袍外加各类上衣外套,开襟处一般镶有工艺装饰品,可作礼服,亦可作四季便装。满族男子多穿马蹄袖的袍褂,腰束衣带,头顶留辫,剃去周边头发。头戴暖帽或凉帽,脚下穿靴。

四、东南地区

1. 黎族

黎族主要居住在海南岛。女子以窄袖、紧身短衣为主,两片前襟自领口直线而下,直至肚脐之上,并有两排银圈饰物。下着短裙仅至膝上,筒裙造型多样,面料多用黎锦。黎锦多人物、几何图纹纹样,具有吉祥祝福含义。头巾以织花布为主。颈戴银项圈,少则两圈,多则五六圈,另有银手镯、银耳环饰物。男子结发于额前和脑后,上衣无领、对襟。东方县有少部分黎族男子上衣与女子无大分别,也戴耳环。

2. 高山族

台湾地区的高山族服饰没有明显的季节性差异,但有地区差异。台湾南部的男子穿对襟长袖上衣,外套坎肩式短褂,系宽腰带,垂其两端作为前裙。衣袖、领、腰及下摆都镶有彩色花边,用黑布缠头,经常戴藤盔或木盔。女子服饰分为短衣长裙,胸前挂一块斜方胸衣,有的上身只穿一个背心,下身横围一块腰布,冬天用一块方布自左肩围裹全身,头戴木制八角头盔。高山族男女都喜欢佩戴饰物如兽牙、羽毛、兽皮、花卉、钱币等,全身上下被装点得五光十色。高山族妇女刺绣技艺享有盛誉。

(本章内容参见彩图 6-1～彩图 6-24)

第七章　居住民俗

第一节　居住民俗概述

居住是人类生存活动的基本行为之一,由于地理、历史、民族、宗教等因素的影响,各地的居住习惯各具特色。居住民俗是经济民俗的一个重要事象,是人类居住方面的行为模式,包括建房、入住、居住的惯例或礼仪,也包括传统民居类型等。

居住民俗的研究涉及自然与社会两个方面。居是居住者生活行为的领域,包括社会性的非实质环境,属于居家的范围;同时居住者生活行为或轨迹,不仅限于居家的内部,还包括延伸到邻里、社区以及个人与社会的公共空间上的行为。住是对居住者的容纳,也是为居住者提供生活行为发生的场所。居住,对人类的生存发展具有至关重要的作用,蕴含着深厚的文化内涵。

一、居住民俗的概念

居住民俗是平民百姓在居住行为上的民俗习惯。在社会发展过程中,每一民族、每一地域或每一平民阶层的人们,都会在居住活动中形成属于本群体的独特模式,即他们的居住民俗。

居住民俗是在长期的居住活动过程中创造的,是人们共同享用和传承的,以物的形式体现着历史对文化的传承和发展,是人类精神财富的重要组成部分。

研究居住民俗的目的是为了在对历史文化继承的同时,为现代社会人类的生活服务。

二、居住民俗的演化及文化特征

1.民居的演化

自从人类产生以来,就出现了他们赖以休养生息的居住处所。从利用各种天然空间,如穴居、巢居等,到人工住所的营建,都是随着生产力的逐步提高和发展而变化的。居住民俗的形成是随着居住方式演进而演进的,大致经历了利用天然生成的洞穴和树洞等自然空间,经过适当加工而形成的穴居和巢居的创始期;以容易建造、结构简单、迁移方便的风篱与原始帐篷代替巢居的过渡时期和为了定居而产生居住类型多样化的发展时期,人工营建房屋而人住,不仅提高了人们的居住质量,方便了人们的生活和生产,而且把居住行为的领域和涉及的范围大大地拓宽了,并逐渐形成了各具特色、丰富多彩的居住民俗。

2.居住民俗的文化特征

文明时代的居住行为涉及的范围非常广泛,既涉及生活方式,又涉及生产方式;既涉及物质生活,又涉及精神生活;既涉及个人生活,又涉及社会生活。影响居住民俗的因素很多,尽管如此,在多种因素的相互作用和影响下,居住民俗都表现出如下一些最基本的特点。

(1)实用性　民居是一种人们生活必需的人工产物,是人类最基础的一种文化,也是一种历史进化的产物。由于各地人群生产生活发展的不平衡,现今社会,既有数十层的高楼大厦,也还有洞穴式的窑洞,或用茅草、竹木盖成的小屋,但不管什么形式,它的作用都是为主人生活的安全、舒适服务的。因此,它是一种最实用的文化,是任何人都不能缺少的。在世界各地,只要有人类的足迹存在,就必然会有这样的文化产物。

(2)艺术性　民居是一种实用的文化产物,带有一定的审美意味。即使是很简陋的民居形式,在我们感觉上也会产生一些审美作用。因为在形体的构成和材料的选择、安排等方面,制作者自觉或不自觉地要遵循某些美学的法则。例如蒙古包,它是逐水草而居的牧民的住宅,不管它的内部安排怎么样,单就它的外形来看,它那四周圆形和穹形的房顶等,就能给观者一种美的享受,特别是把它放在大草原和蓝天的背景之中看,更是如此。至于那些较高层次的楼房建筑以及附有各种装饰点缀的住宅,蕴含其中的审美意义就更为丰富了。

(3)宗教性　传统民居也体现着民间宗教信仰的性质。在许多民族建筑物中,有不少是专门为宗教信仰而建立起来的,如中国各地民间的祖宗祠堂、坟墓、佛寺道观以及各种神庙等。除了这些专有宗教建筑外,民居也大都具有某些宗教功能。在过去汉族的建筑物中,不但供奉祖先牌位,还供奉其他神灵,如灶神、财神乃至天、地、君、亲、师的综合神位等。

　　(4)伦理性　一般民居,都体现着一种社会伦理,从民居内部的安排,可以看到这个家族或民族的伦理观念和准则。就我国汉族的情形来说,一家民居可分为几个房屋,在名称上有正房、偏房,有前房、后房,有的还有附带房室,如厨房、厕所、仓库等。在那些正式的房间里,谁住正房,谁住偏房,谁住后房……大都有一定的讲究,有一定的规则。有的还有一些禁忌,如女儿的闺房,不但外人,就连家人如兄弟等也不能随便进入。外来客人的接待和留住,也有一定的房室。这种居住的安排伦理色彩是相当浓厚的。少数民族也有相似情形,各民族虽然不尽相同,但都按照自己民族的伦理逻辑加以安排,绝不容许错乱。

　　总之,通过人与居室的关系,可以看到人与环境的关系,也可看到人与人之间的关系。通过居室与环境的关系,可以看到人与环境的关系,也可以看到人与人之间的关系。只要我们充分把握人与环境的关系和人与人之间的关系,我们就能够深入理解和认识居住民俗。

第二节　民居的建筑与居住惯制

　　民居是人们生活的空间,民居的建筑对每一个家庭来说都是件大事。如何建筑民居,新居落成之后如何入住,在我国各地、各民族都很讲究。

一、选址、布局与环境

　　民居选址、布局规则是建房前期工作,各地域或各民族的人们对此是十分重视的。对居住民俗影响最大的是"风水术"定下的一套范式。来自《周易》"风水术"的内容十分驳杂,上至天象,下至地理,中贯人文,但是它的核心内容是人们对居住环境进行选择和处理。"风水术"中包含的居住民俗有三个宗旨:第一,选择房屋基址时,追求物质和精神生活上都能满意的环境;第二,处理房屋的形态和布局如朝向、位置、出入口、道路等因素,使之"合理化";第三,用一些符号来避凶趋吉。也有一些"风水"书把选择吉日动工建房或入住也列入"风水术",俗称"日法"。

　　在以农业经济为基础的社会中,人们渴望使自身与自然取得和谐,在居住民俗中出现种种关于天人关系的习惯行为模式,是十分必然的现象。这些行为模式渐渐积聚起来,与社会的哲学范畴、地理知识等混合起来,形成了"风水术",这是中国传统民俗中非常独特的事象。由于缺乏地质、水文、气象等现代科学知识,"风水术"中也充斥了不少伪科学,只有把这些荒诞的成分剥去,才能理解它的合理内核。

　　住宅的布局:包括住宅的功能分区、住宅的形态以及住宅和周围道路、水沟的关系等情况。住宅的布局有的要服从建筑原理,有的是根据居住民俗来安排的。但广大乡村地区的住宅,大多数是根据"风水"要求来安排布局的。因此,民间住宅的布局基本要求有:住宅要北房高,南房低,南向门窗多,有利于挡寒风纳阳光。地基要西北高,东南低,有利于排水,最好宅前有池塘或河渠。住宅周围要有道路,但又不能太多。大路不冲门,有利于交通,又可避免干扰。住宅周围的流水不能直冲住宅,要弯曲有情。门前、屋后不宜有屋脊、墙角直冲,不宜有粪池、污水塘。宅形要前窄后宽,或前后方正。宅门、厅堂、居室、井、灶、路、仓房、畜圈等都要布置得当。在住宅的布局中,有许多情况是和居住惯例相关的,应该和居住惯例联系起来加以理解。

住宅的环境:"风水"还用来指导住宅环境与村落的改善。为了追求完美的"风水",人们常常采用一些方法来弥补自然风水局面的缺陷。村落布局中"发科甲、兴文运"的意识在各地都有强烈的表现,具体实行方法是按风水先生指点,在一定的方位"立文笔",建"文峰塔"或"魁星阁"。沿河的村落在河水流入处建塔,称"水口塔",植树,称为"水口树"。这一民俗据"风水术"的解释是可以把财气关闭在本材不让它外流。有的地方还把"水口树"称为"树娘娘",逢年过节加以祭祀。侗族、壮族的村寨有不少大树,是村寨的神树,据说可以保护村落的"龙脉"。根据"风水"要求而引水植树,客观上起到了保护生态、方便生活、美化环境的作用,许多村落因此而成为优美的景观。

二、建房、入住的流程与礼仪

建房是一项复杂繁重的任务,是一种细致精密的技术,又是一种分工协作的工程。建筑工作的好坏,又影响人居者的生活和安全。各民族、各地域的人民在长期建房实践中,形成了各自独特的工作程序、协作规则和技术定式。这些程序、规则、定式和各民族的宗教信仰、宗法制度、社会心理等混合起来,演变为建房的礼仪。建房礼仪中有迷信的成分,但是也有科学的东西。

对于我国所有的民族来说,建房动工意味着大兴土木,是生活中一件极为重大的事件,难免有许多讲究。何时动工、按什么程序施工、对邻居应如何处理、对工匠怎样款待等,在各民族、各地域中均有一定的规矩,有的已经形成了固定的仪式。按照民间建房的程序,建房的礼仪大体上可分为开工、立中柱、上梁、立门、落成等五大类。

大多数地区建房中最重要的礼仪是上梁礼仪。民间以为,上梁是否顺利,关系到房屋的结构牢固,更关系到一家人今后的生活是否兴旺发达。上梁要选黄道吉日、鸣鞭炮、唱"上梁歌"、挂吉祥物、喝"上梁酒"等,庆祝建房中最关键的工序顺利完成。其重要性在人们对人的评价中也可看出,凡是核心人物,人们习惯上称其为"挑大梁的"或"顶梁柱"。

入住仪式:迁入新居,不管是迁入新建的房屋,还是从一地迁另一地的居所,对一家人来说都是件大事,各地都有一系列惯例相沿而成为民俗。我国迁居民俗中最主要的部分是面向未来的祈福活动。主要包括择日、迁火种、移神像和祖宗神位以及办进屋酒等。

居住惯例是居住民俗中最为繁杂的一部分,又是由多种因素互相影响、互相作用而形成的,是一个复杂的综合性体系。

家庭关系影响到居住惯例。居住惯例体现尊重年老一辈、长幼有序、男女有别之类的家庭关系规则,在各民族中随处可见。

房屋结构对居住惯例也产生一定影响。如:单间的民居只能在有限的空间内依照居住惯例划分功能区。蒙古包内中央设炉灶,上有通风口,灶北面是家长的卧处,东面是男子的卧处,西面是子女的卧处。西南地区的干栏式住宅,一般楼上住人,楼下养猪、牛和堆放农具、木柴等。

公房是传统民居中的一种独特景观,来源于原始社会的淳朴遗风。云南彝族男女青年十六七岁以后就不再住家里,而是和一些年龄差不多的同性别青年住在一起。男青年住的房子称“男公房”,女青年住的房子称“女公房”。一天劳动结束后,女青年在自己的公房里燃起火塘里的火,坐在火塘边聊天,等待男青年的光临。届时,男青年会带着三弦、二胡、月琴等乐器踏歌而来。汉族的公房主要用作村民聚会、议事之所,或设社仓储粮,由村民们集资兴建。公共建筑是村落或其他种类社区人民凝聚和交往的必需物,即使现代化进程迅速发展,它也仍然会改换名称、形式而继续存在下去。

一个民族的宗教信仰与民间信仰对居住惯例也有重要的影响,主要表现是突出信仰对象在住宅中的位置。如我国各地区、各民族普遍有火崇拜现象,在居住习惯中非常注重火塘、火坑、灶。住宅中突出神龛,也与人们的生活需要和信仰有关。

三、民居装饰与家具陈设

分布在全国各地的民居,在民族传统、生活习俗、地理环境的影响下,形成了各具特色的装饰、装修、家具陈设的规则和民俗特征。

1. 民居装饰

民居装饰的对象在长期的历史积淀中形成了一定的倾向,主要集中在门、窗、墙、房顶、铺地、栏杆等各种构件上。

(1)门　民居门的形式,通常是墙垣式,有土坯门楼、脊架门楼、过道门楼等。门上方的装饰,主要有门楼和门罩两种。门面的材料装饰,具有地方特色,门面的书画装饰有门联、门笼、门神画等,内容很丰富,主要是祈福和祝愿之意。门槛和门枕石也是住宅主人着意装修的部位。突出主人家的权势和地位等。

(2)窗　传统民居中窗的装饰主要体现在窗的样式和窗板的花样方面。窗的样式有直板窗、槛窗、支摘窗等。窗板格是传统民居的重点装饰部位,花样丰富多彩,主要有横竖棋子、拐子纹、菱花等类型。

（3）墙 民居的墙壁，按照建筑材料来区分，有石墙、砖墙、泥墙、术板墙、编竹夹泥墙等。不同的建筑材料，不仅与周围的自然环境取得协调，而且会产生不同的审美效果。我国各族人民通过自己的智慧，结合地区特点，建造出了许多类型的墙体结构，形成了各具特色的装饰手法。

（4）屋顶 传统民居的房顶形态有平顶和坡顶两种。坡顶又分为硬山、悬山等式样，可以装饰的部位有屋面、屋檐和屋脊。

（5）铺地 铺地是对民居内外地面、路径的一种基本装饰，分室内、庭下、路径三种情况。室内铺地一般都用磨砖或石板，取形规整，给人以方正、循规蹈矩的印象。室外路径的铺地变化多，有"乱石路""鹅子地""冰裂地"等。废瓦片、碎砖块、乱石子在民间工匠手中都可以铺出美观、优雅的路径来。

（6）栏杆 古代又称为"勾栏"，是民居装饰的重点。栏杆不仅有保护人们行走的作用，还可以分隔空间，自身也是一种景观。传统民居室外的栏杆有石栏杆、竹栏杆，室内一般用木栏杆。

纵观中国传统民居的装饰，从造型艺术角度看，主要分彩绘、雕塑、符镇三大类。民居建筑彩绘，主要用在墙面、门窗、梁彷、柱头等部位，除防腐外，主要是为了装饰。雕塑类装饰有梁架、门窗上的木雕、砖雕，屋脊上的动物与物件，瓦当上的纹饰等，花纹和图案多种多样，常具吉祥祝福、镇宅驱邪避灾的寓意。符镇是民间祈求吉祥、消除灾祸的方法，分为文字符号符镇、图像符号符镇和动物形象符号符镇。

2.家具陈设

传统民居的典型家具是明清家具，在室内陈设时，根据厅堂、卧室、书斋的不同功能进行安排。明清家具取材十分考究，多选用花梨、紫檀、红木等硬质木材，精雕细作，产品坚固耐用。

（1）厅堂 是家族公共活动中心。厅堂的家具布置以室内北墙中线为对称中线，靠墙设一几一桌两椅，东西两墙（俗称两山）各设一几（茶几）两椅，多余的空间可以放条凳、方凳、鼓凳、盆架、花瓶等。椅子前有"承足"（脚踏）。

（2）卧室 是私密空间，入室处可放围屏，家具以架子床为主，床上有床几（北方为炕几）。衣柜、衣架、镜台、灯台等随主人喜好安放，凳椅也可以随意安排。

（3）书斋 一般在住宅较为幽静的角落，家具以书橱、书案为主，爱好古董的人士有博古架，爱好弹琴的有琴桌，屏风、香几、凳椅类可适当放置。

传统民居室内的墙壁和家具多为单色调，为了克服单调感，也为了显示主人的社会地位和文化修养，墙上常常挂上一些字画。中堂北面的墙上方多挂匾额，匾额下挂画，画两侧挂对联，俗称"堂联"。其他厅堂、书斋的墙壁上也多书画饰物。

第三节 居住民俗

我国民族众多,各个民族由于居住地域、居住地气候等差别,形成丰富多样的居住民俗,现将有代表性的居住民俗介绍如下。

一、中国汉族的居住民俗

我国汉族人口众多,分布地域广泛,虽同属一族,但因各地的历史文化传统和生活习惯不同,因此各地民居在平面及空间处理、构造方法和艺术风格上表现出多样的形式,形成了多种不同特征的居住民俗。最常见的有以下几种。

1. 四合院

四合院是北京及华北地区传统的住房样式。按南北纵轴线对称布局,进门左转进入前院,经垂花门到正房,这是院落的核心,周围回廊连接形成对称的主次明确的轴线,檐廊与回廊门道相通。主次是分明的院落空间成为北方汉族民居严谨格局的代表。砖木结构,在抬梁式木构架的外围砌砖墙。屋顶以硬山式居多,次要房屋则用平顶或单庇顶。墙壁和屋顶都比较厚重。大门多位于住宅东南角,分内、外院。内院北面正房供长辈居住,东西厢房是晚辈的住处。周围以走廊联系。正房左右附有耳房及小跨院,设厨房飞杂屋和厕所等。住宅四周,由各座房屋的后墙及围墙所封闭,一般不对外开窗,院内栽植花木或置放盆景。室内设炕床取暖,内外地面铺方砖。除贵族府第外,不得使用琉璃瓦、朱红门墙和金色装饰。一般住宅色彩以大面积灰青色墙面和屋顶为主,在大门、二门、走廊、影壁、屋脊等处略施色彩或加若干雕饰。

2. 窑洞

窑洞主要分布在我国西北、华北的黄土高原上,比较集中的地区是豫西、晋中、陕北和陇东。窑洞有靠崖窑和地坑院、锢窑之分。靠崖窑是在垂直的崖面上开筑的土窑,可以向纵深发展,深可达 20 m,也可以向两侧发展,形成并列的窑洞,还可向上发展形成层叠的窑洞,层与层之间架木梯上下。在靠崖窑前面加地面建筑和围墙,形成庭院,是最普遍的窑居形式。地坑院,又称"天井窑""地窑",是在平坦的岗地上所凿的窑洞。在没有垂直崖面的地区,选取黄土高岗向下挖掘深坑,坑平面为方形、长方形、丁字形等多种。挖下去的坑即形成低于岗地的庭院。在庭院四周的人工崖面上开挖崖面窑洞。地坑一般深 5 m,在坑的周围筑上矮墙作为标志。锢窑是在平地上用土坯、砖石砌筑的拱顶房屋,锢窑的室内房顶为拱形,与窑洞相似。锢窑是平地上完全由人工建造的窑洞式房屋,它的布局像其他房屋一样展开。锢窑有一层、二层的,也可以构成四合院。

3.客家围楼

这是福建西南部及广东、广西北部传统客家住房样式。客家人是南下的汉族以宗族为单位,结队迁徙到赣、闽、粤、桂后,因与当地的土著文化习俗相差太远,始终保持着自身的文化特征,而称为客家人。客家围楼多为土木结构,外墙用厚达 1 m 以上的夯土作承重墙,与内部木构架相结合,并加若干与外墙垂直相交的隔墙。外墙下部一般不开窗,故形如堡垒。一种为大型院落,平面前方后圆,内部由中、左、右三部分组成,院落重叠,屋宇参差。一种为平面方形、矩形或圆形的砖楼与土楼。大者直径达 70 余米,用三层环形房屋相套,达 300 余间。外环房屋高四层,底层作厨房及杂用间,二层储藏粮食,三层以上住人。其他两环房屋仅高一层,中央建堂,供族人议事、婚丧典礼及其他活动之用。

4.“一颗印”

“一颗印”是汉族传统民居之一,流行于陕西、安徽、云南等地,尤其以云南最为盛行。云南高原气候适宜,四季如春,但风较大。“一颗印”也是围绕天井布置房屋,北面正房大都为三间,东西两侧为厢房,南面为厅房,也是大门所在地方。“一颗印”的东南西北房屋全部相连围合,既防风又避日晒。由于它的外观犹如印鉴,所以俗称“一颗印”。“一颗印”民居防风性能较好,是适应当地地理环境的住宅。

二、中国部分少数民族的居住民俗

我国少数民族众多,居住较为分散,西北各民族多住土结构平房,西南各民族多住“干栏”式建筑或土石结构建筑,东北各民族多住土木结构式、蒙古毡包等。

1.东北地区

(1)蒙古族 蒙古包是蒙古族的住屋。“包”,就是蒙古语“家”“屋”的意思。蒙古包古时称做“穹庐”,又叫“毡包”“毡帐”。蒙古包大小不定,一般直径 4.5 m,高 4 m,由木栅栏和白毛毡构成。周围的栅栏用红柳枝做成,呈斜方格,可以折叠,栅栏外用白羊毛毡包裹。圆形顶棚上开有直径约 80 cm 的天窗,上面盖一块可以移动的毛毡,白天打开采光和通风,晚上和雨雪天可以遮盖。蒙古包还有一扇高 80 cm、宽 150 cm 左右的小门。为避免北风直吹,门一般都朝东或南开。包的正中放炉灶,烟筒直通包顶。包内摆设,一般是正面放长方矮桌,桌右端放大小衣箱,左边放柜橱、水桶、奶桶等家具。蒙古包分转移和固定两种,前者在牧区使用,后者在半农半牧区使用,外观相仿。由于蒙古包不像一般房屋那样有坚实的地基和稳定的墙壁,所以不宜倚靠。

(2)满族 满族的住房多为土木结构,一般是三间或五间,中间开门,两旁为窗。

以土筑墙,"章茅"铺顶,然后以草绳或灰泥固定。屋脊多用草编成。通常坐北朝南。室内里间北、西、南三面围炕,俗称"转圈炕"或"万字炕"。围炕以西为尊,南次之。西炕供神供祖,来客不能坐西炕。长辈睡南炕,晚辈睡北炕。

(3)朝鲜族　朝鲜族的住房一般是木结构的平房,屋顶为四斜面,用稻草、谷草或瓦片覆盖。墙壁用泥沙混合而成。屋内用土砖和平坦的薄石板铺成平炕,一般都隔成四室,即寝室、客房、厨房、仓库。炕面用木纤维板铺成,上刷黄亮油,平滑透亮。进屋则脱鞋上炕,席炕而坐,席炕而卧。房舍内外皆用白灰粉刷。朝鲜族的住宅有浓郁的东方特色。

2.西北地区

(1)维吾尔族　阿以旺住宅是新疆维吾尔族住宅的一种常见形式。多为土木结构平房(土坯外墙,木架,密肋),方形、矮小,向北开门,前带廊,四壁无窗,但在屋顶开有天窗,屋顶平坦,可晾晒、堆放瓜果、粮食和杂物,亦可供人纳凉。室有夏室、冬室之分。夏室在前,作起居、会客用;冬室在后,作卧室用。屋内砌土炕,三面靠墙,高30 cm 左右,实心,不烧火,供起居坐卧。室内墙上挖壁阁,放置食物用品,一般以壁毯作装饰。多有庭院,呈方形,大门忌朝西开。住宅有较深的前廊,庭院多栽花木果树,门前往往种植葡萄,形成凉棚。

(2)藏族　藏族为平顶狭窗的土石结构房屋。一般为一层,用土石围墙,上架木料或树枝,覆盖泥土,房顶用当地风化了的"垩嘎"土打实抹平。内室住人,外院圈牲口。另有碉房和牧区的帐篷等居住形式。碉房是藏族的主要住房样式。一般用石块砌成平顶,门窗上端用斗拱作檐。也有比较高大的楼房,底层关养牲畜,或作伙房、库室,楼上住人,楼顶平台可以晒打粮食,有高到三至五层的,四周围墙,周围是房间,中间是天井,边缘有走廊。房屋旁边皆有转经筒,屋顶插经幡。室内一般都供有神龛、经书,也有木柜、矮桌等家具和火盆、炊具等物。通常不用床铺和桌椅,睡、卧和坐都在布或毛制的垫子上。

(3)哈萨克族　哈萨克人多从事畜牧业,为了迁移方便,他们住的多是轻便而简易的毡房(又称哈萨包)。牧民在春、夏、秋三季居住,冬天则住土房和木屋。哈萨包顶部呈弧形,四壁支杆与外面所蒙的毡之间嵌有用跟草制成的席子。哈萨包内的前半部放物品用具,后半部住人和待客,右上方是长辈的床位,左上方是晚辈的床位。右下方放置炊具和食品,左下方放置乘具、猎具和幼畜,正上方放置衣箱等。毡房内地上铺有地毯或毡,正中对天窗处有火炉或锅掌子。靠右首有专为老人设的木床,其他人不得在上面坐卧。有时床上遮挂布幌,客人切忌牵动,否则就是失礼。

3.西南地区

(1)彝族　彝族的住房多为土木结构的平房,俗称土掌房。以块石为墙基,用土坏砌墙或以土筑墙。有的大梁架在木柱上,放上垫木,铺上茅草或稻草,草上覆盖一层稀泥,再放上细土捶实而成。有的大梁放置墙上,梁上铺木板、木条、树枝或竹子,上面再铺一层土,经洒水抿捶,形成平台屋面,滴水不漏,可作晒场。土掌房一般分三间,正中一间开有大门,作厨房。左侧为主人内室,外人不得入内。右侧为牛栏及畜养猪、羊之所,或兼作马房,存放杂物。常搭一简易楼台,堆放粮食或供子女就寝,也有二三层楼建筑。

(2)壮族　壮族的住房多为竹木结构的"干栏"式建筑。"干栏"又称"麻栏",壮语是屋的意思。用木柱或竹柱做成离地面相当高的底架,再在底架上建造成房屋,楼上屋内住人。

(3)白族　白族的住房多为砖木或木石结构的两层楼房,以三开间较为普遍。屋面用筒瓦和板瓦覆盖,前面重檐,形成前出廊的格局。山墙到顶并高出屋面,俗称封火墙。以坐西朝东为正向,大门一般开在整所建筑的左前方。全部木质结构,多为外廊式两三层小楼房,也有四五层的大高楼。顶盖瓦或杉树皮,楼两端搭有偏厦,呈四面流水形。另有一种若干幢连在一起的大楼房,廊檐相接,可以互通,多为一宗族内的若干户同住。

(4)苗族　苗族的住房以吊脚楼最具特色　一般建筑在坡斜地段、有两三层阶梯的坡地上。分两层或三层,最上层很矮,只放粮食不住人。楼下堆放杂物或作牲口圈。其余多为平房,一般以竹编泥糊作壁,以草作顶。

(5)傣族　傣族竹楼是比较典型的干栏式建筑,流行于云南的西双版纳傣族自治州、德宏傣族景颇族自治州,是傣族传统民居。竹楼分两层,一般由数十根柱子支撑,离地两三米铺木板或竹蔑,屋顶上是茅草编织的草排。楼上作屋,有外屋置火塘、竹席供饮食、休息之用,里屋作卧室,还有阳台供乘凉休息。楼下作贮藏室和关养牲畜的地方。竹楼与孔雀舞、泼水节、热带原始森林一起构成享誉海内外的旅游资源。

总之,民居是民俗中最引人注目、分量最重的部分之一,是地域文化、民族文化的象征,我们今天应当加以继承和发展。然而遗憾的是,在急速的社会转型过程中,大量的传统民居和近代民居正在被拆除和破坏,这种情况应该引起全社会的注意。随着旅游事业的发展,居住民俗成为今日旅游事业中人文景观的一个重要组成部分,成为一种很有潜力的旅游资源,应该加以保护。

(本章内容参见彩图 7-1～彩图 7-39)

第八章　生产民俗

　　物质生产民俗是人类社会各种民俗事象产生的前提和基础。农、牧、渔业生产民俗是生产民俗的重要组成部分。农、牧、渔业生产民俗是怎样产生的？其特征如何？在中国及世界各地，农、牧、渔业生产民俗有什么规律与差异？这些都是在学习其他民俗之前首先要了解的。本章主要介绍物质生产民俗中农、牧、渔业民俗的产生、发展及差异规律，使学生对这些物质生产民俗有一定的了解和认识。

　　物质生产是人类生存的基础。出于有序生产的需要，人们在长期的生产实践中，总结出了一套行之有效的生产经验、生产技术，以及与之相关的生产仪式，即为物质生产民俗。它大体可分为农业生产民俗、牧业生产民俗、渔业生产民俗以及以工匠为主要群体的行业生产民俗等。

第一节　农、牧、渔业生产民俗概述

　　物质生产民俗是人类社会各种民俗事象产生的前提和基础。农业民俗有广义和狭义之分。广义的农业民俗包括种植业、林业、牧业、渔业及家庭副业民俗，狭义的农业民俗即为种植业民俗。本章所讲的农业民俗指狭义的农业民俗。

一、农、牧、渔业生产民俗的概念

　　农、牧、渔业生产民俗是人类在长期的农、牧、渔业生产活动中形成的民俗。它既包括农、牧、渔活动的生产经验、社会组织方式，也包括与农、牧、渔活动密切相关的各种信仰。由于各地自然与社会环境的差异，不同地区、不同时代的农、牧、渔业民俗存在显著的差异。

二、农、牧、渔业生产民俗的产生和发展

从世界范围来看,农、牧、渔业大体都经过了原始、传统和现代三个阶段。

1. 原始农、牧、渔业生产民俗

原始农、牧、渔业生产民俗始于原始社会的农、牧、渔业,以石器、骨器、木器为主要工具,由原始采集业发展成"刀耕火种"的原始农业,由原始渔猎发展到驯养动物或"逐水草而居"的游牧生活,或有一定技术的水产捕捞,这些都需要一定程度的简单协作。由于对自然的认识和驾驭能力有限,生产水平低,信仰、禁忌在原始农、牧、渔业生产民俗中占有重要地位。

2. 传统农、牧、渔业生产民俗

传统农、牧、渔业是指主要使用铁制农具,利用人力、畜力、水力和风力以及天然有机肥料,凭借直接经验进行的生产活动。由于生产经验的积累和生产力水平的提高,形成了丰富的农、牧、渔业民俗事象。特别是农业,在中国较早形成了耕、锄、轮作套种、浇水施肥等耕作方式。在传统农业社会中 农业经验的传承主要是通过口传心授的方式进行的,并形成民间农谚。

3. 现代农、牧、渔业生产民俗

现代农、牧、渔业是以科学技术为指导,以生产机械为装备,以商业生产为目的的农、牧、渔业。农业依靠改良品种、农药、化肥等方式提高产量,牧、渔业依靠改进动物及水产类品种,改进饲料、饵料,控制其生长过程等得以发展。这很大程度上改变了原有的生产民俗,使农、牧、渔业生产民俗主要表现为生产习惯,减少了信仰和禁忌的内容。

三、农、牧、渔业生产民俗的特征

与工业、商业、交通等其他行业民俗相比,农、牧、渔业民俗与自然环境更为密切,其特征如下。

1. 季节性、周期性

自然环境的季节性、周期性变化决定了农、牧、渔业生产的季节性、周期性,要求在生产中做到"不违农时"。

2. 地域性

由于各地自然环境的区域差异性,使农、牧、渔业生产有明显的地域性,要求在生产上做到"因地制宜"。

3.经验性

在相当长的历史时期内,农、牧、渔业生产主要依靠人们代代相传的经验指导。无论是播种、田间管理、收获,还是狩猎、放牧、捕捞,都是以经验为依据的。

4.田园性

农、牧、渔业生产直接在自然环境中进行,田园风光与民俗旅游有机结合,形成宁静、朴实、和谐的氛围,正是崇尚回归自然的现代旅游者所追求的。

第二节　中国农、牧、渔业生产民俗

我国幅员辽阔,各地自然条件差异很大。有 56 个民族,其中汉族约占全国人口的 92%。长期以来,受自然环境及习惯的影响,使不同地区、不同民族的物质生产民俗形成很大差异。以下就中国不同民族及地区的农、牧、渔业生产民俗分别予以介绍。

一、中国汉族农、牧、渔业生产民俗

中国在历史上是一个古老的农业国,农业生产在人们心目中占有崇高的地位。在漫长的农业发展过程中,逐渐形成了各种农业生产民俗。历史上中国汉族的经济更是以农业为主,兼营家庭饲养等副业,是一种典型的男耕女织的自然经济。

1.耕作方式的区域差异

汉族的农业生产在历史上素来发达,尤其以水利灌溉和精耕细作著称于世。

由于自然环境的差异,以秦岭—淮河为界,我国汉族地区农耕方式存在明显的南北分异。

秦岭—淮河以北为北方旱地农业区,主要农作物品种有:小麦、玉米、大豆、谷子、高粱及薯类等。其中长城以北地区由于日照条件限制,一年一熟,华北北部及黄土高原地区两年三熟,黄淮地区一年两熟。整个北方地区凡有水灌溉的地方均可种植水稻。北方养殖动物主要有牛、猪、羊、马、驴、骡、鸡等,其中役畜主要是牛、马、驴、骡。主要种植水果有苹果、梨、桃子、柿子、葡萄、大枣等。

秦岭—淮河以南地区由于雨量充沛,日照充足,是传统的稻作区。粮食作物以水稻为主,小麦为辅。长江流域农作物一年两熟到三熟,华南地区一年三熟,海南可达一年四熟到五熟。经济作物主要有油菜、甘蔗、柑橘等,盛产茶叶、桑蚕及多种亚热带及热带水果。主要养殖牛(黄牛、水牛)、猪、羊、鸡、鸭、鹅。

2. 传统的农事习俗

春天的民俗活动主要以迎春、劝耕、祈求一年农业丰收为主题。民间历书一般都在每年新春到来之前出版发行,这种历书的封面或扉页上往往印有《春牛图》。这种图有的描绘春牛在柳丛间吃草,有的描绘农民在驾牛犁田、春耕,有的描绘春牛在绵绵春雨中奔跑,形态各异,富有生活情趣。"清明下种,谷雨栽秧""过了清明节,庄稼不能歇"等农谚皆说清明、谷雨是春播下种的重要时节。围绕播种这一农事活动,各地也有不少习俗。如下稻种要选好时候,一般选在天大亮时进行。民间以为这时候种子容易固定,出的秧苗整齐均匀。播种任务一般由经验丰富的老农承担。播种前要吃豆芽菜、粉丝、发糕和鸡蛋等食物。这种习俗寄寓着农民希望种子落地有根有芽、苗壮根发的愿望。有的地方挑种出门,要讲"一担出,万担进"的吉利话。立夏前后,既要插秧,又要收麦,是农家大忙季节。农谚云:"立夏小满家家忙,男女下山去插秧。""立夏十八朝,家家把麦挑。"在我国南方稻作区,插秧季节还有"开秧门""关秧门"的习俗。

秋天是收获的季节,民间有祭拜大地神和庆丰收的习俗。浙江一带,农民在麦、稻成熟的季节,要选择吉日,点上香烛,将"五谷饭"和丰盛的菜肴敬献给土地神,祭拜之后,人们要尝新米饭,享受自己的劳动成果。在江苏一些地方,农户在中秋节前后举行"土地会"。大家燃起香烛,献上酒菜,恭恭敬敬地祭拜土地菩萨。祭拜完毕,农民们一起会餐,庆贺丰收。在湖南衡山一带,新谷登场时,农家选定吉日,举行"尝新"仪式。新米饭做好后,先祭天地、先祖,然后合家聚餐;席上,只吃鱼,不吃鸡,取其"有余无饥"的吉利寓意。在陕西一带,民间有腊月过"五谷节"的习俗。不少地区,民间还有举办隆重热烈的"青苗会""庆丰会"等习俗。

3. 农业民俗的传承方式——农谚

在传统农业社会中,农业经验的传承主要是通过口传心授的方式进行。农谚是人类生产经验与生活经验的科学总结。它形象、生动,易读易懂,人们在三言两语间,便完成了千百年来人们创造出的农耕经验的传递。农谚对农业生产的关注表现在生产实践的各个方面。如"头伏萝卜二伏菜,三伏四伏种荞麦",反映的是农耕与农时的关系;"深耪棉花浅耪瓜,不深不浅耪芝麻",讲的是各种农活与生产技术之间的联系。而民间气象谚语如"星星眨眼,离雨不远""雷公先唱歌,有雨也不多""久晴响雷必大雨,久雨响雷定天晴""春雷打得早,年景错不了"等用来预报天气,服务于农业生产的农谚更是数不胜数。

4. 农、牧、渔业生产中的信仰民俗

(1)土地神　土地既是万物生长之源,也是人类生存之本。无论是人类早期的采集时代、狩猎时代,还是稍后的原始农耕时代、畜牧时代,人们所赖以生存的一切,都

取之于大地。土地有灵的观念就这样产生了。据古籍记载,祭土地的组织古代称"社"。在我国,大到国家,小到家族,"社"这一社会组织几乎无处不有。天子祭土为人社,皇族祭土为王社,诸侯祭土为国社,诸侯宗族祭土为侯社,州官祭土为州社,县官祭土为公社,乡里祭土为里社,此外还有军社、马社等等。在民间,一般以 15 家为一社。社的传统祭礼俗称"社火",祭日俗称"社日"。社日一年两次,分春、秋二社。在许多地方,土地庙中不但有土地爷,还有土地奶奶,有的地方甚至在土地婚配周年纪念日,还要再为他们添个孩子,表现出民间社会对土地的热爱。

(2)其他民间诸神　　在靠天吃饭的年代,久旱不雨对农民来说是生死攸关的大事。因此,求雨成了民间重大的祭祀仪式。龙王信仰始于唐,兴于宋,至明清时到高潮。农历六月十八是龙王爷的生日,各地多要举行龙王庙会,祈求天雨。在一些地方人们认为,不单龙王管雨,观音菩萨、水神爷、关公都能管降雨之事,于是,一有旱情,众神明一起接受村民祭拜。牛、马等牲畜是农民耕作的重要帮手,过去农民对牲畜有各种祭拜仪式,牛王菩萨、马王爷,都是民间崇拜的神。传说农历十月初一是牛王爷的生日(也有说六月初八、七月十五、八月十五的),这一天民间举行牛王会,对耕牛给以优待。

另外,我国有着漫长的海岸线、浩瀚的海洋、众多的江河和湖泊,渔民们世世代代在江河湖海中从事养鱼、捕鱼等生产活动,形成了各种各样的生产习俗。过去,由于渔民在水上作业和生活,抵御自然的力量弱,因此常常把自己的命运和获得收获的希望寄托给神明,形成各种信仰崇拜。如,渔岛渔民敬奉"龙王爷",大年三十祭龙王;福建沿海渔民信仰"妈祖";浙江舟山一带渔民在渔船后舱供祭"船关菩萨";太湖一带渔民信奉"禹王爷"。或在船头上装一对威风凛凛的"船眼睛",新船下水时举行隆重的"启眼"仪式等。如今,旧的习俗有的即使流传到今天,也已逐渐失去了昔日迷信的色彩,而演化成各种富有象征意味的传统生产仪式或具有渔民生活特点的娱乐形式。

二、中国少数民族农、牧、渔业生产民俗

我国是个多民族国家,在历史发展过程中,各民族在不同的自然条件和社会背景下,形成了各具特色的农、牧、渔业民俗,以下就各地较有代表性的农、牧、渔业民俗予以简要介绍。

1. 东北少数民族

东北地区主要包括黑、吉、辽三省及内蒙古东部的广大地区,是我国满、朝鲜、回、蒙、锡伯、鄂伦春、鄂温克等民族的主要集聚地。他们中有的居住在平原地区,只从事小麦、玉米、大豆、高粱、谷子等农作物种植,具有和当地汉族一样的农业生产民俗;有的居住在大江大河边或森林中,传承着古老的采集、狩猎、渔业、林业民俗。

（1）鄂伦春族　鄂伦春族主要从事渔猎生产和饲养驯鹿。鄂伦春及鄂温克人长期以狩猎生活为主，采集和捕鱼为辅，几乎所有的男子都是优秀的骑手和百发百中的射手，他们对各种野兽的习性和生活规律了如指掌，有丰富的狩猎经验。20 世纪 40 年代他们还是一个带有原始公社残余传统的游猎民族，猎获物在部族内平均分配，保存着一些原始社会共同消费和平均分配的习惯，老、弱、伤、残者不但能分到一份，而且还要多一些。现在他们已经实现了定居的生活，告别了狩猎，成为森林和野生动物的保护者。

（2）赫哲族　赫哲族仍主要从事渔业生产，积累了丰富的捕鱼经验。鱼是他们衣食的主要来源。由于赫哲族聚居区世称"三驻平原"，河流交织，以鳇、鲢、大马哈鱼最为著名，冬季常以狩猎毛皮兽为辅助经济活动。近年来开始发展养殖业，修建了鱼池、紫貂场。

（3）蒙古族　主要聚居于内蒙古自治区和新疆、青海、甘肃、黑龙江、吉林、辽宁等省、自治区的蒙古族自治州、县，以牧业为主。

2.西北少数民族

西北是我国少数民族聚集区，地广人稀，民族众多，是蒙、回、藏、维吾尔、哈萨克、塔吉克、柯尔克孜、乌兹别克、东乡、保安等民族聚集地。

（1）藏族　主要聚居于西藏、青海、甘肃、四川、云南。20 世纪 50 年代，西藏地区还保持着"政教合一"的封建农奴制，1951 年西藏和平解放后，经济得到较快发展，生产以牧业为主。

（2）维吾尔族　主要分布在新疆维吾尔自治区，大多数聚居于天山以南的各个绿洲。维吾尔族人主要从事农业生产，擅长种植棉花、葡萄和园艺生产。

（3）哈萨克族　主要分布在新疆维吾尔自治区伊犁哈萨克自治州、木垒哈萨克自治县和巴里坤哈萨克自治县。哈萨克人除少数从事农业生产外，绝大多数人从事畜牧业，终年生活在风景如画的大草原上。他们放牧、运输、远行，甚至是生活都离不开马。每个哈萨克人都以善骑骏马为荣耀，以他们是"马上的民族"为自豪。

3.西南地区少数民族

西南地区是我国少数民族最集中的地区，主要分布着侗、苗、傣等民族。

（1）侗族　分布在贵州省、湖南省和广西壮族自治区毗邻的地区，其中贵州省黔东南苗族侗族自治州是其主要聚居地。侗族人主要从事农业，以种植粳稻为主，糯稻次之，并善于稻田养鱼。侗族人还从事林业，以种植杉木、油茶著称，以油茶待客是侗族人热情好客的习俗。侗族妇女喜欢种棉花，自织布、染布。

（2）苗族　主要聚居于贵州、云南、四川、广西、湖南、湖北、广东等地。苗族人以种植水稻、玉米为主，兼营油桐、油菜等经济作物和田七、天麻、杜仲等名贵药材。

（3）傣族　傣族人主要聚居在云南省西双版纳傣族自治州、德宏傣族景颇族自治州。傣族人生活在亚热带地区,农业生产发达,种植甘蔗、咖啡、剑麻、香蕉、橡胶等热带经济作物。西双版纳的密林中,有珍贵的野生动植物,被称为生物王国,现已成为中国著名的旅游胜地。

4. 中南、东南少数民族

中南、东南地区主要分布着壮、土家、瑶、黎、畲、高山等民族。

（1）壮族　壮族是少数民族中人口最多的一个民族,主要聚居于广西壮族自治区、云南省文山壮族苗族自治州。壮族人主要从事农业生产,以种植水稻、玉米为主。

（2）黎族　主要分布在海南省。黎族人居住的海南岛地处亚热带,气候温湿、风景秀丽、四季常青、物产丰富,不但农业发达,而且还主要种植着热带经济作物,如橡胶、甘蔗等。

（本章内容参见彩图 8-1～彩图 8-28）

第九章　游艺民俗

　　游艺民俗是旅游者最喜闻乐见的民俗活动之一，也是旅游地开展旅游宣传的主要素材。在千姿百态的社会民俗中，我国各族人民喜爱的民间游艺活动就是一项重要内容。这些活动大多是我们祖先创造并传承下来的，有的则是因现代社会的发展而有所创新。它们的共同特点是能强身健体，活跃人民生活，促进各地区、各民族的文化交流。

第一节　游艺民俗概况

一、游艺民俗的概念

　　作为民间文化娱乐活动总称的游艺民俗，广泛存在于社会生活的方方面面。它既可娱神，也可娱人。其所包容的讲、唱、演、嬉、赛等活动，都是人们喜闻乐见的。

　　"游艺"一词，古已有之，源自《论语·述而篇》中的"游于艺"。孔子所讲的"游艺"是指置于礼、乐、射、御、书、数的六艺之中的含义。后世文人理解这一名词时，又有演绎，说是艺术上的修养与锻炼。这显然与今天游艺的概念有所不同，今天所讲的"游艺"泛指各种民间娱乐活动。

　　有关游艺民俗的概念，学术界分歧较大。乌丙安(1986,2001)认为，凡是民间传统的文化娱乐活动，不论是口头语言表演的，还是动作表演的，或用综合艺术手段表演的活动，都是游艺民俗，游戏、竞技也不例外。张紫晨(1985)主张，游艺民俗为文艺游艺民俗的一大类，又可称为民间技艺民俗，包括竞技、游艺、游戏、体育、工艺等方面的内容，它往往充分表现在民间游艺和各种会、市的表演上。陶立璠(1987)指出，民间游艺民俗包括的项目很多,民间音乐、民间舞蹈、民间美术、民间竞技和民间游戏是此类民俗事象中比较突出的。由此可见,人们在游艺民俗的名称上歧异明显;在概念的外延方面,有的广,有的窄。但总的来说,大家都肯定了"游艺"这种民俗的存在以及其核心内容。

人类的社会生活丰富多彩,在这方面的民俗自然十分繁多。如有人生礼仪,有岁时节令,有社会结构,还有游玩、娱乐方面。游玩、娱乐活动,从口头上的"讲""唱",到民间游乐的"表演";从少年儿童的"游戏",到男女成人的"竞技",都有多姿多彩的活动和自身的传承渊源。用游艺来统称民间口头文艺活动、民间游戏、民间竞技等活动,极富概括性,也比较可行。

因此,游艺民俗的定义可以这样表述:游艺民俗是民间文艺活动、民间游戏、竞技等文化娱乐活动的模式化与传承行为的总称。它包括口头文学、民间音乐和舞蹈、民间游戏与竞技以及民间的工艺美术等内容。一般而言,游艺民俗有较强的娱乐性和群众性。由于这类民俗涉及人们生活的各个方面,因而它不仅可以反映广大劳动人民的生产、生活、理想和愿望,也可以表达人们的道德情操与审美意识,而且,对社会生活产生了直接的具有实用价值的多功能作用。

二、游艺民俗的类别

根据民间文化娱乐活动的内容与方式,游艺民俗可以从四个方面进行分类,即口碑民俗、歌舞活动、游戏竞技和民间工艺。每一类中又可分出一些小类,如民间工艺中,可以分出剪纸、年画、雕塑、皮影、刺绣和陶瓷等,内容十分丰富。

1. 口碑民俗类

口碑民俗,又称口头文学。它是民俗志和民俗学的重要组成部分,而我国的民俗学运动正是以搜集民间歌谣等口头文学为发端,以后又逐步扩展其搜集和研究的范围。

在民间产生与流传的口碑民俗,是一种口耳相传的活动,也就很自然地具备了表演与娱乐的性质。按照它的表演形式,则有口头讲述与韵语歌唱两部分。在长期的世代讲唱过程中,这些活动都形成了一定的表演规程或范式,在传播者与受传播者之间构成了讲唱者和观听者的主客关系。

口碑民俗与人们的日常生活内容紧密相关,是广大劳动人民创作、传承、运用的一种艺术。具体有以下四方面的内容。

(1)民歌　民间歌谣,古今皆有。这种群众性的娱乐形式,往往与婚姻和宗教祭祀联系在一起。在一些民族的传统节日里,除了对唱情歌、一般即兴歌之外,还流传着传统的神话歌、历史歌和各种知识歌。比如蒙古族的"婚礼歌"就是一套组歌,其中有序歌、劝嫁歌、迎新歌、求名对宴歌、献茶歌等,洋溢着人生大礼的欢快气氛。

（2）民间故事与神话　　民间故事和神话，讲述了人们对天地的由来、万物的形成、民族生命本原的想象与理解，表达了人们对自然山川、创物发明、地方风情、历史人物的认识和情感。著名的民间故事和神话如《孟姜女》《牛郎织女》《白蛇传》《女娲补天》《精卫填海》《蛇郎》等，具有优美动人的故事情节，反映着人们对一些重大事件和生活实际的感受和思考。

（3）谚语与谜语　　谚语与谜语是口碑民俗中较具智慧性的形式，内容极为宏富。它不像神话、传说和民间故事等大多是虚构性的，而是直接从现实生活中取材，用非常的想象、比拟的手法和灵活的语言表现出来，并在流传过程中经过人们的增删与锤炼。从广义上说，只要是在社会上流传，并有一定形式的简练通俗而富有意义的语句，都是谚语。谚语包括社会生产谚语（如农谚、气象谚等）、社会生活谚语以及由其他民间文学转化而来的谚语。谜语是民间文学中特殊的韵文作品，一般分为物谜、事谜和字谜三大类，富有浓烈的生活气息和幽默的情趣。

（4）说唱与小戏　　民间说唱是通过民间艺人的表演，把叙事体的口头文学传播给听众的独特形式。民间说唱涉及的面十分广泛，形式多样。历史上的宋元话本与明清以后的鼓曲段子，在民间一直有很大的影响。民间小戏则是民间艺术中的综合表现，是由艺人直接创作并由他们扮演的。由于民间小戏长期在广大村镇流传，故又称"地方小戏"。它起源于劳动，后与节日、宗教活动发生了密切的关系。

口碑民俗，无论是民歌、韵文和说唱，从创作到流传，都要依赖口头的方式进行讲述或演唱，极富流动性。这显然与作家们书面文学的固定化传播方式有着很大的不同。因口头的缘故，这种民俗活动的存在必须有听众，有一定的场所和时机。它的传承依靠两种方式，一是家传方式，即通过父子或母子世代相传；二是社会传承，也就是以师徒关系为主导，以师承形式世代相传。当然这两种方式可以相互交叉，彼此依存。

口碑民俗是从人类生活中产生和发展起来的集体思想、情感和艺术才能的荟萃。在创作方式上，虽然有艺人的贡献，但也是群众集体在不同场合共同合作完成的。没有经过各项劳动生产、群众集会、祭礼、生活仪礼、歌墟、业余文娱等场合的集体智慧的不断修改、加工，口碑民俗就不可能有那样丰富的生活、文化底蕴。

2. 歌舞活动类

音乐、舞蹈如同民间歌谣一样，产生得很早。《吕氏春秋·古乐篇》《尚书·尧典》记载的"三人操牛尾""百兽率舞""投足以歌""击石拊石"都是借助音乐舞蹈表现某种情绪的活动。直至今天，这种古老的传统并未改变。歌舞也有两类，一如我国鄂伦春族的黑熊舞，拉祜族的斗鸡舞，阿昌族的猴舞，独龙族的猴捉虱舞、喜鹊舞、孔雀舞、割小麦舞、打包谷舞、薅秧舞、割谷舞等都是属于生产类舞的范畴。这些活动主要是配合农业耕作、狩猎等活动进行表演的。二如江西和贵州等地的傩舞、景颇族的金冉冉舞、广西花山的水神舞等属于宗教仪式性舞蹈的范畴,带有巫术和娱神性质。

歌与舞往往综合表演。这种形式在我国各地十分流行,然而内容、风格各异。如湖北的扑蝴蝶、八虾闹鲢,陕西的牛斗虎、马社伙,江浙的大头和尚戏柳翠;瑶族的舞春牛,傣族的击招歌,布依族的唱筒歌,彝族的跑花山,苗族的踩山坪,侗族的抢花炮,景颇族的象脚鼓舞,佤族的圆圈舞,高山族的甩发舞,傈僳族的宴替,土家族的花花灯,壮族的打谷榔鼓,以及流传各地的龙舞、花灯,莫不如此。扭秧歌是汉族具有代表性的一种民间舞蹈活动,多在春节期间举行,主要流行于我国北方地区。舞者扮成各种人物,手持扇子、手帕或彩绸等起舞。在表演形式上,开始和结束为大场,中间穿插小场。大场为变换队形的大型集体舞;小场是两三人表演的带有简单情节的舞蹈或歌舞小戏。如流传于晋北的踢鼓秧歌(表演时男角动作以踢为主,伴奏以鼓为主,故名),它的主要特点是表演具有戏曲的行当分工特征,动作具有浓厚的武术色彩。表演形式分为小场子、大场子、过街场子三种。

3.游戏竞技类

游戏竞技民俗的事象很多,如赛马、射箭、斗牛、摔跤、斗鸡、赛龙舟、踢毽子等,表现为力量和技巧的角逐。它的形成与劳动生产、战争、祭祀、节日有关。游戏竞技民俗产生于不同地区,也就具有了鲜明的民族特色和地域特征。如北方的"那达慕"大会,把赛马、射箭、摔跤作为主要内容,这和牧业民族的生产、生活习俗密切相关。苗、瑶、壮等族的斗牛,则与他们的水稻生产、牛崇拜关系密切。游戏竞技民俗是我国民间的主要娱乐活动。

(1)民间游乐　这是偏重旅游方面的一项内容,包括春游、赏梅、秋游、看枫叶,还有群众性的游会活动。如民间花会,出名的有北京的花会,中间有表演高跷、跑旱船、小车会、扭秧歌等活动。又如放风筝,传说早在春秋战国时期就已出现,在我国,山东的潍坊风筝最为有名,历史也很悠久。现在潍坊每年都要举行国际风筝节,吸引了国内外大批风筝爱好者来潍坊进行放飞表演和游玩、观赏。潍坊成为扎、糊、绘、放这风筝四艺的中心和集散地。

(2)民间游戏　民间游戏是流传于广大人民日常生活之中的娱乐嬉戏活动。它是游艺民俗中最为常见、最具趣味性的娱乐活动,少年儿童与成人都能进行。许多游戏经过长期的发展而逐步完善,并形成了固定的形式和规则。

民间传统游戏民俗的种类相当多,一般又可分为玩耍性、智力性和赌博性三种。前者如捉迷藏、击花鼓。在各地常见的还有老鹰抓小鸡、卖糖粥、躲妈虎子、造房子(也称跳房)、轧墙壁、摸瞎鱼、转瓢、猫捉鼠、升留级、烧野火、猎狗熊、跳毽子、弹球、抓石子、堆雪人、跑风车等等。玩耍性游戏除少数为个人游戏,如女孩抱布头娃娃或"枕头娃娃"做妈子游戏外,大多为自发性的集体追逐、竞赛性的游戏,参加的人数大致2～4人,有时还即兴表演,自己编排,反映了儿童的天真烂漫性格。

智力性游戏中,传统的有猜谜语、猜枚、急口令、填字、积木、下棋、射覆等。智力性游戏以培养、启发人的智力为目的。培养、启发"智"的游戏,常与猜谜语的口头文艺活动结合起来。通常还用猜手指、猜掌中物、藏物找物等方法游戏。在民间还有许多计算性的测验游戏,如葫芦罐分油、大小马驮百瓦等数学游戏,都饶有兴味。培育"能"的游戏也很多,常见的是口头语言表达能力的游戏,如说急口令、绕口令、诵识数歌谣等。作业性游戏多见的有折纸、剪纸等民间工艺美术。折纸鹤在古代就已流行,折衣裤,折车、船、桌、椅、帽、猴等也较多见。剪纸游戏有马莲叶编动物等。

赌博性游戏是缘于人们的赌赛输赢的心理而产生的一种游戏种类。这种游戏战国时有"六博",以后又有了骨牌、掷骰子、叶子戏等赌博形式。叶子戏早在唐代中期已很风行,且有不同的类型。明清以来,叶子戏又发展为 108 张,以梁山好汉命名。叶子即纸制赌牌。以后又以象棋子为赌具,并创制了竹块刻成的"麻将"等赌具,形形色色,玩法不一。古代博戏常与动物斗赛结合,如斗鸡、斗鹌鹑、赛马之类。赌博性游戏有竞赛、娱乐的一面,又有造成倾家荡产的危害。对这一类民俗行为应当有所禁止,更需要加以引导。

游戏民俗的一个重要方面在于各种玩具在游戏中的运用。玩具在游戏中是不可或缺的,游戏民俗的流行,对促进民间工艺尤其是各类玩具的制作很有帮助。纸玩具风车、折纸蛇,布玩具布娃娃及布老虎、狗、猴等动物,木竹玩具的各种假兵器和竹编物,塑玩具的泥娃娃、不倒翁,各种面具傀儡人形等,金属玩具笛、哨、小镲、小锣,皮玩具小鼓及毛狗等,琉璃玩具球丸之类等,都有非常突出的民族、区域特色。它们都可以成为民俗旅游的重要商品。

(3)民间杂耍　杂耍是集技巧性、灵敏性、表演性于一体的游戏活动。包括猴戏、杂技、戏法、皮影等。传统的"抓子"就是其中的一种,一般用小口袋装米、麦或沙,缝口而成,也有以光滑的砖、瓦、石子等物制成的"子"。通常设三子以上。玩耍的方法是将一子抛起,迅速抓起其他子后再接住抛起下落的子,以抓起其他子的多少而又能接住下落的子来决胜负。

又如木偶戏,在我国历史悠久,种类繁多,保留至今的主要有提线木偶、掌中木偶和杖头木偶,各地又有不同。福建泉州流行提线木偶,漳州流行掌中木偶,而广州、高州流行的鬼仔戏,则属于杖头木偶。

(4)民间竞技　民间竞技活动是指民间各种形式的体育、技巧性的比赛活动。历史上的竞技活动是与生产活动、军事战斗活动结合在一起的。今天,许多竞技活动已发展成为丰富多彩的体育活动项目。按照力量、技巧、技艺等标准,民间竞技可分为各种不同的类型。

①竞智。竞智类的竞技活动以各种民间棋类为代表。我国棋类最重要的是围棋、中国象棋。此外,还有区域性或民族性的棋类,如蒙古族的蒙祁勒夏特尔(蒙古象棋)和鲍格因吉勒格(鹿棋),藏族的藏棋,朝鲜族的朝鲜棋,鄂伦春族的玩班吉,青海互助土族自治县土族的喇吗跃和阿斯掏等。这些棋类都以其精巧的结构和变化多端的竞技得到了各阶层人民的喜爱,有些被列入了正式的比赛项目。

②竞技。竞技是以技巧、技能为竞赛内容的项目。如朝鲜族的跳板、荡秋千,傣族、汉族、满族的跳高,哈萨克族的叼羊,蒙古族的套马,汉族的武术,高山族的竿球,仡佬族的打蔻鸡蛋(打竹球),回族的打水球,傣族、白族的打磨球,汉族、壮族的打陀螺,汉族的踢毽子、跳绳等。

③竞速。比速度,看谁先到达终点。这其中有利用器具的,也有不用的。最为人们所熟知的是赛马和赛龙舟。此外,还有甘肃南部保安、东乡、撒拉等族的羊皮筏赛,湖南、广西等地瑶族的酌独木滑水,东北朝鲜族的顶瓮竞走,贵州苗族的爬坡竿,福建沿海畲族的赛海马,新疆塔塔尔族的赛跳跑,内蒙古西部阿拉善盟蒙古族的赛骆驼,青藏高原上藏族的赛牦牛等。

④竞远。项目相对较少,有蒙古族的布鲁(意即"投掷")、壮族的换漏介等。

⑤竞力。以力量为比赛内容的民俗活动,平日也很多见。如汉族的举石锁、举石担、拔河,蒙古族的摔跤,藏族的格吞(拔河),柯尔克孜族的耶尔奥达利希(马上拉力),土家族的斗角,京族的顶棍,哈尼族的拔腰,黎族的拉海龟,达斡尔族的颈力赛,仫佬族的象步虎,朝鲜族的索战(拔河)等等。

⑥竞准。这是比赛准确度的竞技体育民俗活动,以游牧民族的射箭(射弩)最流行。其他还有汉族的打弹弓,黎族的穿藤圈,保安、东乡等族的打石头,赫哲族的叉草球,高山族的竿球等。

4.民间工艺类

民间工艺包括民间绘画、剪纸、雕刻、雕塑以及各种民间工艺品的制作和传承,形式十分多样。

在民间美术中,最引人注意的是年画和剪纸。这种民俗在我国民间特别是在农村,有着深厚的群众基础。年画起源于对神的偶像崇拜,表现了人们对生活的热爱,对善与恶、美与丑的认识和褒贬。年画的内容有以神像为主的,如门神、灶神、财神;有体现喜庆的,如《金玉满堂》《榴开百子》;有表现神话故事的,如《水浒传》《三国演义》;有反映农民生活的,如《男十忙》《女十忙》等。

民间剪纸比年画还要普及,特别是农村妇女,对剪纸艺术尤其喜爱。一般女孩子到了六七岁就开始学习剪纸技术了。剪纸不注重自然形态的模拟,而强调夸张、写意和装饰性,让人在似与不似之间展开丰富的联想,得到美感。

三、游艺民俗的特色

游艺民俗在我国虽然一年四季都有,但大多具有一定的季节性和节日性。其特色是多方面的,它不但具有社会性、群众性、娱乐性和季节性,而且还具有浓郁的地方特色和乡土气息。

1.季节性与无季节性相结合

我国的游艺活动不少有明显的四季感。在春季,如赏梅、春台戏(请戏班演俗戏)、戴荠菜花(三月三,杭州等地妇女到野地摘荠菜花,作头饰,相互比艳)、春游戴杨柳球等。初夏"斗百草",盛暑则有玩"知了""响板"等昆虫以及游泳。到秋季,最为出名的游艺是斗蟋蟀。重阳登高、赏菊花、笼养蝈蝈(俗名"叫哥哥")、斗鹌鹑等,都是秋日游艺的重要内容。冬季,如踢毽子、抽陀螺。抽陀螺又叫"鞭陀螺""打猴""打皮猴"等,是儿童喜爱的游戏竞技活动之一。北方多在冬季冰上开展抽陀螺运动。另外,在游艺民俗中有相当部分是四季通行的。如搓麻将、下象棋、练拳、舞剑以及很多儿童游戏,都是可供人们随时玩乐的。

2.竞技性与娱乐性相融合

竞技性与娱乐性是游艺民俗的基本特性。很多的游艺民俗活动,既存在着程度不同的竞技特征,又存在着程度不同的娱乐特征,特别是在民间游戏和民间竞技活动中,"你中有我,我中有你"的现象是常常见到的,如打秋千、踢毽子、抛绣球、拉海龟等。在游艺民俗中的口承文艺活动,主要强调两点:一个是口头文学活动的表演性,另一个是口头文学活动的娱乐性。如山歌对唱,既有自娱的特性,又有赛唱歌水平、唱歌技艺的成分。成人游戏娱乐则以赛力、竞技、赛艺为主,有更强的胜负观念,如马上骑射、围棋、角力等。他们的游戏竞技讲究形式,较为规则,因此娱乐性较强。

3.以传统节日为高潮

岁时节日是一种综合性的民俗形式,是民俗活动的大展示。我国的游艺民俗也多以节日为载体集中演出。在节日活动中,游艺活动往往是高潮所在。

我国民间传统节日"三月三"这一天,各地都会举行丰富多彩的活动。其中以壮族三月三的歌圩和侗族三月三的抢花炮最富有民族特色。在每年农历的三月初三,广西壮族要举行歌圩会,方圆数十里内的男女青年,身着盛装,自带五色糯米饭和红蛋、绣球等前来赛歌,物色对象。用红兰草、黄饭花、枫叶、紫蕃藤等植物的汁液浸泡糯米,炊熟的糯米饭相传是歌仙刘三姐爱吃的食物。吃了这种饭可以人丁兴旺,身体健康。因此对歌前人们先抬着刘三姐的神像游行一周,祈求她赐予歌才,保佑人人对歌顺利。接着人们才亮出自己的歌喉相互对唱。红蛋和绣球则是男女青年传播交流表达情感的方式。所以赛歌期间穿插着抛绣球、碰红蛋、踢毽子、抢花炮等娱乐性活动。

实际上,节日活动中的大量游艺都跟人们的信仰和现实生活密切相关。如北京在4月份举行的妙峰山庙会活动,就是一个鲜明的代表。在这个庙会节日,既有传统的庙会活动内容,也有穷人喜欢的施粥活动,更有民间艺人或者是民众主持的踩高跷等游艺表演节目,对各阶层民众有着极大的吸引力,故而也就构成了庙会节日的常年事项,直到清末民初还是如此兴盛。

4. 浓郁的乡土特色

游艺民俗在一定的自然环境和人文环境中孕育产生,并在民间广为流行,其形态受人们的生产、生活方式,受地域条件的制约,具有强烈的乡土气息,又形成了种种不同的地方游艺民俗。例如,舞龙是江南地区极其普遍的一种民间活动,但各地龙的形状都不相同,有布龙、板凳龙等。温州滨海地区的船形龙和浙西地区的草龙最具特色。又例如在竞技与游戏游艺民俗方面,北方天高地阔,人们的生产简陋,生活简朴,在与大自然的严酷斗争中培养了勇武精神,因此,赛力竞技游戏发达,如摔跤、角力、驰逐等;南方山环水绕,气候温和,农业精耕细作,物质条件优于北方各地,人们性格柔和、灵巧,富于想象,长于智能游戏和技巧游戏,如猜谜、对联、斗茶、弈棋等。所谓"南方好傀儡,北方好秋千"。除南北两大地域差异外,还存在着山乡与水滨,高原与平野的区别,游戏娱乐因地制宜,如山乡的竹林竞技、水畔的水嬉、高原的骑射、平野的登高等。

5. 传统游艺民俗与该民族的地域分布大致相同

我国各民族的传统游艺活动具有鲜明的民族特色,在地域分布上,与该民族的地域分布有着紧密的联系,属于某个民族独有的项目更是如此。例如,跳板和顶瓮竞走是朝鲜族特有的民族传统体育活动,流行于东北朝鲜族聚居区;牦牛是青藏高原特有的动物,也是藏族人民长期驯养的牲畜,因此,只有藏族人民才进行赛牦牛这样的活动。

四、游艺民俗的旅游价值

游艺民俗是民俗旅游资源中最富观赏性、最具参与性、最有娱乐性的一种,它的旅游价值非同一般。

1. 欣赏价值

欣赏价值是指游艺民俗的观赏性,通过观赏,美其目而悦其心,看了心里舒服,得到一种美的享受,实现人们的愉悦性。每个人在平常或者节假日如能欣赏一种游艺民俗活动,会从心理感觉到一种愉悦荡漾在心头。这种愉悦就是我们所说的欣赏。好的游艺民俗,确实有着强烈的感染力。有些游艺民俗会永远留在人们的心里,给人以启发,给人以力量。它的形式与内容确实能给人们以影响,能够作用人们的情感,甚至能够改造人们的生活习惯。这是需要一个潜移默化的过程,就这个过程而言,人们离不开欣赏。

2. 参与价值

参与性价值即游艺民俗能使人们(或旅游者)或全部或部分地亲身参与进去,实现获取最大愉悦的目的。人有参与意识是与生俱来的。它不仅受好奇心的驱使,而且受心理补偿、心理满足、自我表现、自我实现等高层次心理需求的驱动。绝大多数游艺民俗,活动内容不但有极强的观赏性,而且还有较大的参与性。人们只有通过身临其地,参与其事,才能真实地体验其境,感受其情,这种境界才是真实真趣之境界,其情才是真情实感之情。因为唯有参与其间,才能缩短主观与客观的距离,达到情景合一,物我两忘的境地。一般地说,参与程度的强弱是与旅游者的愉悦程度强弱成正比的,这也是广大中外游客喜欢中国民俗旅游的主要原因。需知国际旅游者的心理需求已从单纯的观光型进入了更高层次的参与型,参与型旅游,已成为国际旅游的新潮流。他们想经历别人没有经历过的事情,体验别人没有体验过的生活,追求与众不同的独特的人生经历。因此,我们在开发游艺民俗旅游产品时,尽可能穿插一些能让旅游者亲身参与的活动,让旅游者亲身领略民俗活动的魅力,如一些游戏、杂耍、竞技,都可以直接参与其中。还可让异国异域游客试奏一下从未见过的新奇的民族乐器,试穿一下鲜艳别致的民族服饰,这都可实现其非凡的愉悦效果。有些游艺民俗,由于艺术性强,技巧性高,对于一般的群众和旅游者来说,只能观赏,不能参与,如苗族、瑶族的“上刀山、下火海”,刺激性大,观赏性强。

3. 娱乐价值

游艺民俗大都以流行在民间的群众性十分广泛的文化娱乐活动为内容,以人们喜闻乐见或自发参与表演的形式为标志,如民间口承文学、民间戏曲、民间曲艺、民间歌舞、民间竞技、民间杂艺、民间游戏等。只要具备了竞技激烈性、得到悦目性、知识趣味性这三者之一要求的民间的有愉悦身心快乐而又有趣的活动,都具有较高的娱乐价值。从民间游艺的社会功能来说,主要的一点便是具有较强的娱乐性,娱乐性是贯穿于民俗事象之中的特质。也正是这一点,才使游艺民俗事象流传下来,经久不衰。

随着社会的发展,人类的进步,游艺民俗的娱乐功能逐步加强,具体说来健康有益的娱乐,可以培养人们的智能,可以说,就个体素质的培养而言,民俗文化的娱乐功能,对于人们体魄的锻炼、人格的塑造、坚强勇敢的意志力的形成,以及树立诚实公正的处世态度,加强群体互助的合作意识,是其他民俗文化的诸多事象难以替代的。丰富的游艺民俗质朴、欢快,散发着泥土的芳香,能以淳厚的地方特色和活泼向上、健康娱乐的生活气息扣动每一个旅游者的心弦,激发他们的旅游愿望。

第二节　中国特色游艺民俗

我国的游艺民俗丰富多彩,类型多样,具有很高的旅游价值。游艺民俗已成为旅游者最喜闻乐见的民俗活动之一,也是旅游地开展旅游宣传的主要素材。本节择各地旅游与节庆常利用的几种游艺民俗予以重点论述,以明其旅游文化内涵。

一、年画

我国的年画至今已有几千年的历史,其最初形式是从"门神"的"门画"开始产生的。早在战国时期,中原一带过年节时,有悬挂"桃符"的习俗。据称 1909 年(宣统元年)在黑水城遗址发现的南宋初期时的木版年画《四美图》,可以说是目前所能见到的我国最早的一幅木版年画。这幅价值极高的年画,现藏于俄罗斯东方博物馆。

年画的产地,最有名的就是天津杨柳青、苏州桃花坞、四川绵竹和山东潍坊杨家埠。

杨柳青年画,因产于天津市西杨柳青镇一带而得名。除具有一般民间年画木版印刷黑线、套版印刷颜色特点外,还独具人工彩绘这道工序,即在套色印刷的色块上用水笔染出立体感和人工绘制人物形象,因而它不但保持木版年画的风格,还以人物传神、精工细腻而更具绘画特点。杨柳青一带的村庄,无论妇女、儿童都心灵手巧,从事填色、开脸、出线,各具特色,一般可分为丑、细活两大类。经历代祖传,子继父业,逐步形成了不同技艺流派。"家家都会点染,户户皆善丹青",全村 7 000 多户,大部分以年画为生,并带动该村以南 32 个村庄参加生产,形成我国北方最大的年画集散地,每年要卖出 2 000 万份以上。其中齐健隆、戴廉增、美利记等画店生意尤为兴隆。

苏州的木版年画起源较早,而桃花坞木版年画作为苏州年画木版手印技术成熟时期的杰出代表,约开始于明代后期。据传,桃花坞最早的一幅木版年画是明代杰出画家唐伯虎所作的《风流艳畅图》。桃花坞木版年画最早是笔绘出售,后改为刻版套色。在制作工艺上,一般选用优质梨木、桃木、椴木等材质,采用"单刀"雕刻线条,"饾版"法套印色彩。内容以城市风光为主,如《姑苏万年桥》《八仙图》等。其中,名画家王铁珊的《西湖风景》年画就堪称一绝。此外,滑稽年画、时事年画、赏识年画等也都很有名气。在艺术形式上,桃花坞年画讲究革新,注重吸收西洋表现方法,品种不断推陈出新。桃花坞年画的画面效果更趋向于装饰性。桃花坞年画不仅畅销国内,还远销日本、新加坡、泰国等地。甚至在日本、英国、德国等国家博物馆里也都珍藏着桃花坞年画。

真正意义上的绵竹年画大概始于清乾隆、嘉庆年间，到清光绪年间处于极盛。绵竹年画是以画工勾染为主，只用墨线印出画样，而后即着手工描绘，最多也不过在画完后加一金色套版而已，这与苏州桃花坞全以色版套印者恰恰相反。对于这种工序，许多老画师均积累了很多可贵的"画诀"和经验，特别是用色方面，如"一黑、二粉、三杏黄、五颜六色穿衣裳"等，成为我国民族绘画的宝贵遗产。

杨家埠木版年画历史悠久，风格独特。杨家埠年画主要是分色套版，在艺术表现形式上采用概括、夸张、象征等表现手法，构图饱满而富有装饰性，线条简洁洗练，色彩对比强烈。其代表作为《男十忙》《女十忙》《门神》等。在画法系统上，杨家埠年画属杨柳青的支派，制作方面比杨柳青粗糙一些，但适合了农民的欣赏水平和购买能力，占领了大片农村市场。杨家埠的画工除了有的模刻杨柳青的画稿外，还自己创作反映劳动生产、子孙繁昌、六畜兴旺、四季花开的图案，画面上充满了欢乐幸福的气氛。他们根据中国历史故事画的年画造型赋彩，都有自己的风貌；用连环画形式表现的古典文学《西厢记》构图精致，人物配景纤细入妙，刀刻硬整有力。现在杨家埠已是山东省民俗旅游的重要基地，年画是主打的旅游产品。

二、花鼓

花鼓舞流行于南方的安徽、浙江、江苏、湖南、湖北等省，有狭义和广义之分。狭义的花鼓舞主要是指以安徽凤阳花鼓为代表的一类民间歌舞，以手持、身背花鼓，载歌载舞表演为主要特征。广义的花鼓包括主要流行于南方的一些表演性歌舞，往往采用花鼓为主要伴奏乐器，但自不击鼓，由打击乐队伴奏，如安徽的花鼓灯、湖南的地花鼓、江苏的苏南花鼓，以及小型歌舞的综合汇演，如江西的夹湖花鼓等。

三、山歌

山歌是中国民歌的基本体裁之一，流传分布极广，蕴藏也极为丰富。江明惇《汉族民歌概论》认为，山歌是产生在山野劳动生活中，声调高亢、嘹亮，节奏较自由，具有直畅而自由地抒发感情特点的民歌。中国的山歌最有代表性的传播区及其品种有"长调""信天游""花儿"等。

1. 信天游

在品种繁多的山歌中，最有名的就是信天游。信天游又叫"顺天游""小曲子"，流行于陕西北部及宁夏、山西、内蒙古与陕西接壤的部分地区。陕北俗话："穷开心，富忧愁，寻吃的（乞丐）不唱怕杆求；信天游，不断头，断了头，穷人无法解忧愁。"信天游其实是一个综合性的民歌体系,仅陕北的信天游就不下数十种。陕北还有一句俗语:"信天游,遍地流。"这一方面是说信天游的流传极广,另一方面也是说它的品种极多,有的地方,县县有,村村有。县与县就有不同的信天游,村与村的信天游也不尽相同,甚至在同一个村内,每个人唱出的信天游也有很大区别。但它终归有一个统一的形式,即多为七字一句(也有十余字一句的),一般为上下句结构,歌词常常为两句一段,短的只有一段,长的可达十几段。唱词上句起兴,下句点明主题。如"马里头挑马不一般高,人里头挑人就数哥哥你好"。信天游的节奏大都十分自由,旋律奔放、开阔、扣人心弦、回肠荡气,这与沟川遍布的陕北地貌有很直接的关系。在当地,人们习惯于站在坡上、沟底远距离地大声呼叫或交谈,为此,常常把声音拉得很长,于是便在高低长短间形成了自由疏散的韵律,这种习惯自然会对信天游产生影响。因此,信天游的曲调悠扬高亢,粗犷奔放,韵律和谐,不加修饰地透着健康之美。《蓝花花》《走西口》《五哥放羊》都是信天游的代表作。

2. 花儿

花儿,又名"少年",别称"野曲儿",是流传在甘肃、宁夏、青海等地回、土、撒拉、东乡等族以及一部分汉族中的一种民歌。"花儿"的曲调称"令","令"有 100 多种,较为流行的就有 40 多种。这些"令"各具特色,多姿多彩。

花儿分两大系统:一系统为洮岷花儿,主要流行于洮河流域;另一系统为河湟花儿,流行于黄河湟水流域。每年阴历四至六月均举办大型"花儿会"。较著名的有甘肃康乐莲花山、岷县二郎山、和政松鸣岩、青海民和峡门、互助五峰山、乐部曲坛寺等。其中尤以莲花山花儿会和松鸣岩花儿会最负盛名。

3. 壮族山歌

壮族民歌特别发达,素有"歌海"的美誉,历史上,还涌现出不少像刘三姐、黄三弟这样被称为"歌仙""歌王"的著名歌手。壮族山歌由于南北部方言的不同而对山歌有不同的称呼:如欢、西、加、比、论等。在壮族地区,每一个区或乡都有好几个调子,其中有叙事用的平调、有抒发欢快情绪的喜调等。据统计,各地不同调子加起来多达1 000种以上。其中以富宁皈朝山歌调、靖西马隘及汉隆山歌调、田阳古眉山歌调、马山山歌调、环江山歌调等尤其著名。壮族聚居村寨有定期举行的唱山歌会,称为"歌圩"或"歌节"。歌圩的日期主要在农历三月初三,但在春节、四月八、中元节、中秋节以及婚嫁、满月、新房落成等喜庆吉日也都形成歌圩,有时甚至在赶集的路上也形成临时的歌圩。每到歌圩日,青年男女们便盛装艳服,三五成群地来到歌圩场,通过歌唱显示才能,披露心声,交流思想,找寻自己的意中人。

四、赛马与斗牛

1. 赛马

《史记·孙子列传》记载有著名的"田忌赛马"的故事,可见早在战国时期便有赛马活动。少数民族的赛马活动则更是兴盛。在我国56个民族中就有20个少数民族把赛马活动列入传统的体育项目。

赛马是藏族民众十分喜爱的一项活动,它不仅是农牧民闲暇之余的集会,也是交流农牧业生产经验的场所,而且是藏民族精神的展示。在所有的民间传承的藏族节日中,几乎都少不了赛马活动,而且还有专门的赛马节。传统的赛马节包括赛马、射箭和骑马射箭三项内容,今日的赛马节还增加了各种文体活动和物资交流。如今西藏地区的赛马节最著名的是江孜达玛节。达玛,藏语意为跑马射箭。此节在藏历四月十日至二十八日举行。

新疆的哈萨克、蒙古、柯尔克孜、塔吉克和维吾尔等民族都喜爱赛马,尤其是世代生长在天山、阿尔泰山草原上的哈萨克牧民,更是酷爱赛马运动,其竞赛技艺之高超,令人叹为观止。

蒙古族的赛马也是草原上最激动人心的传统体育娱乐活动之一,多在那达慕大会举行。届时在蒙古大草原上,远近百里以至几百里的牧民多赶来聚会,参加赛马活动。赛马场上,彩旗飘飘,鼓角长鸣,热闹非凡。参赛者不备鞍,不穿靴袜,但身着彩衣,头缠红绿绸飘带,人数不限,有的二三十人,有的达百余人,也不分年龄性别,均可参加。赛马均是经挑选、调养和训练过的。赛程通常为六七十里,以先到达终点者为优胜。除速度比赛外,骑手们还进行马背倒立、双刀劈刺、马上射击、镫里藏身、跳马、俯身拾物等各种马术表演和比赛。比赛时,观众欢呼雀跃,热闹非凡。授奖仪式也很隆重,获奖的马匹和骑手要并排列队于主席台前,由专人在台上唱颂赞马词,并往获胜骏马身上撒奶酒或鲜牛奶。

2. 斗牛

提起斗牛,大家自然想到西班牙斗牛,其实中国的斗牛既丰富也精彩。

中国斗牛以浙江金华地区(金华、浦江、义乌、永康、武义、兰溪等)最为盛行。金华斗牛始于宋明道年间(1032—1033年),以后相沿成习。参与角斗之牛都是未经阉割过的公牛,多呈乌黑色,躯体硕大,肩上有峰高高突起,两眼睁圆,秉性凶悍。斗牛的时间一般从每年春播后"开角"(第一次斗牛),直至次年春播前"封角"(最后一次斗牛),除农忙季节外,几乎一月一大斗,半月一小斗。为提高公牛的战斗力,除平时注意公牛的饮食营养外,开斗之前更饲以黄酒、鸡蛋甚至参汤。比赛中,两牛相对,眼红耳竖,互相注视,或用鼻相互嗅触,接着牛性勃发,彼此角斗,进退旋绕,泥浆飞溅。胜者如凯旋之将军,乡里引以为荣,牛主家于是张筵犒客,庆祝胜利。

我国少数民族也盛行斗牛。侗家村村寨寨都饲养着善斗的"水牛王",每年农历二月或八月逢亥日举办"斗牛节",斗牛由邻近几个村寨轮流主办,参赛牯牛 6～10 头不等。届时,寨上人给参赛牛披红挂彩,小伙子们则敲锣打鼓,吹奏芦笙,高举彩旗,前呼后拥地把斗牛送出村寨,赶往斗牛场。经过决斗,无论胜负或平局,众人皆鸣锣击鼓,燃放鞭炮,牵牛绕场数周,并为胜者欢呼祝贺,场上一片欢腾。散场后,主寨邀请参赛各寨队伍入寨宴饮,共同庆贺。苗族也喜斗牛。贵州的都匀还有西部斗牛城的称号。苗族斗牛的特色是用树叶遮住牛眼,由主人牵到斗牛场,去掉树叶即斗。

第三节　游艺民俗的旅游价值

民俗旅游目前已取得较大发展,其丰富多彩的活动正吸引着越来越多的旅游爱好者。游艺民俗是民俗旅游资源中最富观赏性、最具参与性、最有娱乐性的一种,它的旅游价值非同一般。游艺民俗旅游的开展,更使民俗旅游多姿多彩。

一、游艺民俗的旅游特性

旅游者一般都希望旅游活动的内容具有一定的娱乐性、刺激性和可参与性,这些恰恰都是游艺民俗的特点与优势所在。进行游艺民俗旅游是切实可行的。

1. 娱乐性

游艺民俗大都以流行在民间的群众性十分广泛的文化娱乐活动为内容,以人们广为喜闻乐见或自发参与表演的形式为标志,如民间游戏、民间竞技、民间歌舞、民间工艺等。从民间游艺的社会功能来说,主要的一点便是具有较强的娱乐性,娱乐性是贯穿于民俗事象之中的特质。也正是这一点,才使游艺民俗事象流传下来,经久不衰。我国有 56 个民族,其中大多数民族都能歌善舞,无论是生产劳动、生活喜庆,还是谈情说爱,都能作歌跳舞。歌舞活动成了这些民族民俗生活的重要组成部分。民间歌舞质朴、欢快,散发着泥土的芳香,能以淳厚的地方特色和活泼向上,健康娱乐的生活气息扣动每一个旅游者的心弦,激发他们的旅游愿望。

2. 刺激性

游艺民俗,尤其是其中的竞技民俗,具有较强的刺激性。竞技民俗,不但对于本民族来说有强筋健体的实用价值,而且对国内外游人来讲,也具很大的观赏价值。贵州侗族的抢花炮,苗族的龙舟竞渡和上刀梯,仡佬族的"打篾鸡蛋"等,都十分热烈而刺激。盛行于北方一些游牧业民族(哈萨克、塔吉克、维吾尔、柯尔克孜等族)中的传统叼羊活动,也很紧张激烈。它是将一只宰好的全羊放于规定地点,叼羊者骑马待命,等枪响后,即飞驰争夺,抢到羊后送至主持人所安排的地点。获胜者将烹煮羊肉,宴请宾客。在贵州东北苗族人的节日中,大多有"上刀梯"活动,这是一项融合体育、舞蹈、杂技的表演项目。活动时于场地上栽一棵高约 2 丈的大木杆,杆左右横插 36 把刀,刀口向上,刀刃锋利,可以断发;表演者赤脚上刀口,一步一步向上走,并表演"金猴观望""姜太公钓鱼""白鹤亮翅"等招式,攀缘至顶后,须脚无伤口。这些活动都能极大地刺激游客的观赏欲。

3. 参与性

绝大多数游艺民俗活动内容不但有极强的观赏性,而且还有较大的参与性。旅游者可以亲身领略民俗活动的魅力,如一些游戏、杂耍、竞技,都可以直接参与其中进行活动。扭秧歌是汉族人民代表性的民间舞蹈,有东北秧歌、河北秧歌、胶州秧歌等种类,多在农闲或新年时化妆表演。表演时,秧歌队员左手舞绸,右手舞扇,踩着锣鼓点走场;歌手则伴随着唢呐、锣鼓声,演唱民歌。游客可参与活动,共同分享秧歌舞的快乐。这也是广大中外游客喜欢中国民俗旅游的主要原因。

二、丰富旅游生活、增加旅游情趣

中国传统的游艺民俗大多具有悠久的历史,传承复杂多变,在地区和民族活动的表现上差异明显。地域性与民族性、丰富性与多样性均是游艺民俗在文化内涵上的反映。我国是以农业立国的国家,农业文化是中华文化的基本。中国人崇尚龙,视龙为兴云布雨的神物。舞龙源于汉代,它的一个主要目的是希望龙保佑农业丰收,五谷丰登。舞龙伴随着舞狮,狮在中国人眼中能辟邪镇妖。舞龙多在节日进行,一方面表示对龙的尊崇,另一方面也烘托节日的欢乐气氛。观看舞龙舞狮表演,能丰富旅游者的文化知识,增加旅游者的旅游情趣。云南省为更好地开发游艺民俗资源,还成立了专门的旅游歌舞团,表演当地的歌舞,丰富了游客的旅游生活特别是夜间生活,得到了游客广泛的好评。

三、游艺民俗的旅游资源挖掘

随着我国旅游业的发展,传统的旅游内容和景点,已不能完全满足不断变化中的旅游者的旅游需求。这就要求旅游从业人员大力开展新的旅游资源,以适应旅游发展的需要。民俗旅游的开展正是这种要求的体现。

游艺民俗的内容极为丰富,形式千姿百态。凡民间故事、笑话、戏曲、谣谚、谜语、歌舞、游戏、竞技、杂艺等,都属于民间游艺的范围,都具有浓厚的愉悦气氛和地方民族特色。如广州岁暮行花街的风俗,是在农历腊月二十七至年三十晚上举行,花市的规模十分盛大，男女老幼都倾城出动，争相竞往去观赏"行花街"。又如元宵节灯会，一般在元月十三日那天就上灯，有的地方从十三日起龙灯和狮灯活动同时普遍地展开。也有很多地方的灯节是从正月十四日开始的，如河北昌平州民间是十四日"试灯"的。十五日为灯节的正日，称"正灯"，即所谓的望日上元，通衢张灯。湖北黄陂各村都有灯会，牙牌上书有"风调雨顺""国泰民安""五风十雨"和"万紫千红"等句，随后有高跷、锣鼓、龙灯等。浙江部分地区也有这种灯会。贵阳的长龙灯，龙眼比碗还大，须长三尺，吐出龙舌，龙前有人擎着宝珠，上下舞动，叫"龙抢宝"；龙灯经过时燃放"泥台花"，叫"接龙"。

　　上述的游艺民俗活动具有鲜明的娱乐性质，对旅游者而言，不但有强烈的观赏吸引力，而且也会让人产生参与的欲望。因此挖掘游艺民俗旅游资源有两种形式：一是在游赏项目中增设游艺民俗节目，如三峡民族风情漂流线，除漂流、观赏古龙溪两岸的自然风光外，为增加旅游趣味，专门设立了土家巴山舞、山歌对唱、民乐吹打等节目，取得了较好的效果。二是举办专门的游艺民俗旅游节，集中展示游艺民俗的风采。这方面近年来各地都做了不少工作，有了一定的成效。如素有"灯彩之乡"之称的浙江海宁硖石，在每年的正月十三至十八日举办灯节，入夜一片灯海，迎灯队伍多至上千人。从附近的上海、杭州等地赶来观灯旅游的人多达 10 余万，堪称盛况。可见，传统的民俗活动化为新颖的旅游内容，会使人产生特别的旅游兴趣。可以认为，在今后相当长的一段时期里，游艺民俗旅游始终将是人们关注的话题和焦点之一。

　　（本章内容参见彩图 9-1～彩图 9-31）

第十章　　外国民俗简述

礼仪,文明和谐的标尺。

风俗,民族历史的沉淀。

任何一种民俗习惯的形成,都要受一定社会历史条件和地域性及自然环境等因素的影响。中国自古有"千里不同风,百里不同俗"之说,不同的"风"和"俗"具体表现在人们的衣、食、住、行等诸多方面,这些方面所包括的基本内容就是人们通常所认为的民俗。实际上,民俗所包含的内容就是对人们在生产及生活的物质与精神方面的所有反映。

世界上共有 222 个国家和地区,有着不同的民族和语言。世界上的民族众多,约有 2 000 多个不同的民族。同一人种,也可分属于许多不同的民族。不同的民族有不同或相同的宗教信仰。世界上主要有基督教、伊斯兰教和佛教等三大宗教。不同的国家、地区、民族和不同的宗教信仰者都各自有着不同的民俗习惯及一些交叉而又兼容的风俗民情。本章简述各大洲部分国家的一些简单的民俗风貌,对许多相同国家各民族的不同民俗并未细化陈述,文中只对大众普遍性的民俗特点加以简单的陈述。

第一节　　亚洲部分国家民俗

亚洲全称为亚西亚洲,古语意为"日出之地"。

东亚:日本、朝鲜、蒙古、韩国。

东南亚:文莱、柬埔寨、印度尼西亚、老挝、马来西亚、缅甸、菲律宾、新加坡、泰国、越南。

南亚:孟加拉国、印度、尼泊尔、巴基斯坦、斯里兰卡。

中西亚和中东:阿富汗、伊朗、伊拉克、以色列、约旦、哈萨克斯坦、阿曼、沙特阿拉伯、塔吉克斯坦、乌兹别克斯坦、也门。

一、东亚地区

1.日本

日本几乎全是大和民族。居民主要信奉神道教和佛教,少数信奉基督教和天主教。日本至今还保留着浓厚的我国唐代的礼仪和风俗。

日本是一个注重礼仪的国家。在日常生活中,都互致问候,脱帽鞠躬,表示诚恳和尊重。初次见面,要向对方鞠躬90°,而不一定握手。客人吸烟,要先征得在场主人的同意。日本人很注意穿着打扮,平时穿着大方整洁。在正式场合一般穿礼服,男子大多穿深色的西服,女子穿和服。

在日本,"先生"的称呼,只用来称呼教师、医生、年长者、上级或有特殊贡献的人,如果对一般人称"先生",会让他们感到难堪。和日本人谈论茶道,是非常受欢迎的。

日本人不喜欢紫色,认为这是悲伤的色调,最忌绿色,认为是不祥之兆;忌荷花图案,认为是妖花;忌"9""4"等数字。把书法作品或是精美的印章送给日本人,是受欢迎的。

2.韩国

韩国大都以握手为原则,当然也有以"点头为礼"的,可是只限一次。他们认为,点头致礼只一次便已足够,在一次的点头致礼中,他们倾注了内心的敬意。韩国人重视长幼之序,对长辈的尊敬已成一种规范,吃饭的时候,如果长辈在场,长辈不先拿筷子,其他的人绝不敢先动筷子。

二、东南亚地区

在东南亚的佛教国家,旅客如果对寺庙、佛像、和尚等做出轻率的行为,被视为"罪恶滔天"。有些不明利害的观光客,曾经由于跨坐在佛像上大拍纪念照而被刑罚。

1.泰国

泰国是一个佛教的国家,所以泰国人传统的问候手势是双手合十放于胸前或颔下的佛教礼仪。在平时的交谈中,泰国人谦恭和礼貌的礼节会给你留下良好的印象。泰国的民俗文化和西方有很大区别,泰国人非常乐意看到外国人尊重泰国的法律和民族风俗。去寺庙拜谒时,要穿着整齐以示对佛祖的尊重,因为在泰国人看来寺庙是神圣的地方。女士不要穿露肩膀和露大腿的衣服,要穿着带袖上衣和长裙或长裤。对于男士的穿着要求不是很严格,可以穿着衬衣和长裤(短裤和 T 恤也可以),女士要跟僧侣保持距离。

2. 印度尼西亚

印度尼西亚等地的人们不希望别人摸自己身上的任何一部分,相对的,他们也不喜欢去摸别人。他们认为:头部是人体最高的部分,也是人体中最神圣无比的部分,尤其是孩子的头,被视为神明停留之处。所以,在任何情况之下绝不允许触摸。在印度尼西亚人的观念中,吃东西时要大家一起分享。

三、南亚地区

1. 印度

印度人、尼泊尔人很重视身份。在印度若是身份不同或所属阶级有异,就不能同席共桌,一起吃饭。尼泊尔人也同样有类似的阶级划分,在其国内,对身份的重视,超过了一切。在印度,视牛如神。头歪到一边是表示"yes"(是)。他们表示赞同时,总是先把头往左右轻轻地斜一下脖子,然后立刻恢复原状,令人以为是"不要"或"不愿意",其实是表示"知道了"或"好的"。在印度、东南亚诸国,若以左手把东西交给对方,对方会认为你是蔑视他,或是对他怀有恶意,交东西时,必须用右手交出,或是使用双手。一般观光客还是使用双手最妥当。

2. 斯里兰卡

在斯里兰卡等佛教国家旅行,经常看见有人与和尚交谈,但只要仔细观察便可发觉,一般人绝不会坐在高过和尚的座位,他们必定设法使自己的头低过和尚的头,贵如总统或总理,也谨守这个原则。

四、中西亚和中东地区

1. 阿富汗

阿富汗社交习俗总的特点可以用这样几句话来概括:"阿富汗人讲礼貌,遇客总是面含笑;彬彬有礼很热情,慷慨大方又厚道;居民多为穆斯林,伊斯兰教为国教;数字之中忌"十三","三十九"数也不妙;反对左手递物品,知道这些很重要。"他们路遇长辈、高贵的客人或熟人需行礼时,一般是不脱帽的。阿富汗妇女地位低下,一般不得在公共场合露面;黑色是阿富汗人喜爱的传统颜色。阿富汗人的一般礼节礼仪有三种形式:与陌生人相见时,一般惯行握手礼;与相互熟悉的人相见时,一般惯以右手按胸,同时点头并说"真主保佑",然后再拥抱两次;与特别亲密的朋友相见时,一般要亲吻或碰额两次。

2.沙特阿拉伯

沙特阿拉伯男子通常穿的是长袖、高领、镶里子的外套。戴的是方形的白绸帽子。沙特阿拉伯女子的传统服装是身裹长袍、头戴面纱,头发和皮肤不能外露,声音也不能让陌生的男子听到,更不能昂首挺胸而行,必须低头无声疾行。

在沙特阿拉伯的街上很难见到女人的踪影,即使见到,也只有眼睛部位开了两个洞。男女隔离严格,有专门由女人掌管的为女人开设的银行、学校和娱乐场所。即使是公园也分男、女区。全国禁酒、禁电影、禁跳舞。沙特阿拉伯还严禁一切偶像。

婚俗:定婚这天称为"拥有日",意为男青年从这一天起就合法地拥有他的心上人了。婚礼的前一天,新娘要用指甲花染红自己的手掌和脚心。新婚之夜的举动,称为"叶尔沃",这天入夜新娘坐在椅子上,妇女和姑娘们一边向她挥舞手帕和扇子,一边唱着祝贺婚礼的歌曲。新婚的第二天,双方家庭成员欢聚一堂,向新婚夫妇赠送礼物,举行盛大的喜庆会,会上要展出新娘的嫁妆,供宾客观赏。

开斋节:是伊斯兰教历的 10 月 1 日。根据规定,斋月期满 29 日时,寻看新月(月牙),见月即行开斋,次日为开斋节,如不见月,则继续斋戒一日,开斋节顺延。

宰牲节:又称"古尔邦节",在伊斯兰教历 12 月 10 日。相传,易卜拉欣受安拉"启示",要他宰杀自己的儿子易司马仪奉祭,当他遵命欲宰时,安拉遣天使送羊一只,以代替易司马仪献祭。嗣后伊斯兰教把传说中的这天规定为宰牲节以示纪念。

第二节　欧洲部分国家民俗

西欧:奥地利、比利时、英国、德国、卢森堡、荷兰、葡萄牙、西班牙、瑞士、法国等。
北欧:丹麦、芬兰、挪威、瑞典等。
东欧:捷克、匈牙利、波兰、罗马尼亚、乌克兰等。
南欧:希腊、意大利等。

欧洲与美国的礼俗有许多是相同的,但相对来说,欧洲人比美国人保守,因而对礼节更加注重。在美国一些被认为稍有失礼的举止(如嚼口香糖、手插在口袋里谈话、腿随便地跷在家具上、拍后背等等),欧洲人则认为是极端的恶习。欧洲人称呼对方避免直呼其名而省略其姓,要在长期交往后才能这样做。一些有学位和学术头衔的人,希望称呼他们时,冠之以这些头衔,以示尊敬。除了欧洲的南部和东部地区,握手是标准的问候形式,但那只是轻轻地一碰,绝不像美国人那样,握手时胳膊上下摆动,甚至带动肩膀,在所有的商务会晤及大多数的私人交往中互换名片从礼仪上讲是非常必要的。另外约会必须准时,在北欧国家尤其如此。在饭桌上抽烟是令人生厌的,即使要抽也要等到上酒或咖啡的时候。送礼物最好是鲜花,它既适当又受欢迎。

衣着上,在办公室、饭店及大街上仍有很多人穿西服,妇女在工作单位及在讲究衣着的饭店里,不穿长裤,只着裙装。

一、西欧地区

1.英国

英国英格兰人占80％以上。其余是苏格兰人、威尔士人和爱尔兰人等。居民绝大部分信奉基督教,只有少部分人信奉天主教。

英国是绅士之国,讲究文明礼貌,注重修养。同时也要求别人对自己有礼貌。注意衣着打扮,什么场合穿什么服饰都有一定惯例。

英国人在交往中,情感极少得到表露,礼节受到极端的重视。人们见面称呼时,即使在熟人之间,大多数头衔也要被冠在名字的前面。最好的办法是先听别人是怎样称呼你的,然后仿之以称呼别人。交谈时,不要说有关君主制的闲话,也不要谈宗教。不能以"你是干什么的"作为谈论的开始,那被认为是个人私事,不宜进行讨论。对英国人称呼"英国人"他们是不愿意接受的。因为"英国人"原意是"英格兰人",而你接待的宾客,可能是英格兰人、威尔士人或北爱尔兰人,而"不列颠"这个称呼则能让所有的英国人都能感到满意。

英国的"烤牛肉加约克郡布丁"被称为是国菜。这是用牛腰部位的肉,再把鸡蛋加牛奶和面,与牛肉、土豆一起在烤箱中烤制的菜肴。他们普遍喜爱喝茶,尤为妇女嗜茶成癖。"下午茶"几乎成为英国人的一种必不可少的生活习惯,即使遇上开会,有的也要暂时休会而饮"下午茶"。

英国人忌讳用人像、大象、孔雀作服饰图案和商品装潢;忌讳"13"这个数字,还忌讳"3"这个数字,忌讳用同一根火柴给第3个人点烟。和英国人坐着谈话忌讳两腿张得过宽,更不能跷起二郎腿。如果站着谈话不能把手插入衣袋。忌讳当着他们的面耳语和拍打肩背;忌讳有人用手捂着嘴看着他们笑,认为这是嘲笑人的举止;忌讳送人百合花,他们认为百合花意味着死亡。

2.法国

法国法兰西人约占94％,绝大多数居民信奉天主教。

法国人热情开朗,初次见面就能亲热交谈,而且滔滔不绝。法国人讲究服饰美,特别是妇女穿得非常时尚,她们特别喜欢使用化妆品,光口红就有早、中、晚之分,是世界上最爱打扮的妇女。法国是世界上最早公开行亲吻礼的国家,也是使用亲吻礼频率最多的国家。

法国人一般比较拘泥于形式并且很保守,当地人对其他人所说的话语总持挑剔态度,在法国赴约要准时,不然会被认为是缺乏礼貌的表现。法国人极少上门做客,

除非是在主人的盛情之下，如果去别人家做客，要为女主人带一些花或巧克力之类的小礼品，以示你的谢意。在法国，平时谈话时不要以个人、政治或钱作为话题，那样会引起别人的反感。

法国的烹调世界闻名，用料讲究，花色品种繁多，口味特点香浓味纯、鲜嫩味美，注重色、形和营养。牡蛎一般都喜欢生吃。配料喜欢用蒜、丁香、香草、洋葱、芹菜、胡萝卜等。他们不吃辣的食品。

法国人忌讳黄色的花，认为是不忠诚的表现；忌讳黑桃图案，认为不吉祥；忌讳墨绿色，因二次大战期间德国纳粹军服是墨绿色；忌讳仙鹤图案，认为是蠢汉和淫妇的象征。不送香水或化妆品给恋人、亲属之外的女人，认为象征着过分亲热或是图谋不轨。

3. 德国

德国绝大多数都是德意志人。居民中信奉基督教约占一半，另外有 46％ 的人信奉天主教。德国人纪律严明，讲究信誉，极端自尊，待人热情，十分注重感情，爱好音乐。德国人对发型较为重视。在德国，男士不宜剃光头，免得被人当做"新纳粹"分子。德国少女的发式多为短发或披肩发，烫发的妇女大半都是已婚者。德国人注意衣着打扮，外出时必须穿戴整齐、清洁。德国人最爱吃猪肉，其次才能轮到牛肉。以猪肉制成的各种香肠，令德国人百吃不厌。德国人忌讳吃核桃。如果同时喝啤酒和葡萄酒，要先喝啤酒，然后再喝葡萄酒，否则被视为有损健康。

德国人见面打招呼互称头衔，如果对方不说，不要直呼其名。在接电话时要先通报你的姓。和德国人约会须准时，如果你有事不能赴约，一定要用电话事先通知取消或推迟会晤。会晤一般要尽早安排。如果你被邀请到德国人家里做客，那就是一种特别的优待，不要忘了登门时送一束花给女主人，进门时去掉花的包装，在和女主人互致问候的时候送上，但不要送红玫瑰，它代表着浪漫。在德国，蔷薇专用于悼亡，不可以随便送人。德国人忌讳茶色、红色、深蓝色。和德国人谈话可谈德国的乡村风光、个人爱好或体育运动，但不要谈论棒球、篮球或美式足球。在公共场合窃窃私语被认为是十分无礼的。

二、南欧地区

1. 意大利

意大利人 90％ 以上信奉天主教，女士受到尊重，特别是在各种社交场合，女士处处优先。

意大利人在路上见面一般是握手或简单打个招呼。意大利人热情好客，待人接物彬彬有礼。在正式场合，穿着十分讲究。对长者、有地位和不太熟悉的人，要称呼

他的姓,加上"先生""太太""小姐"和荣誉职称。进行商业会晤要提前安排,但不一定准时,因为在社会活动中,准时并不被认为是意大利人的美德。意大利人热情好客,如果你被人邀请,则不能拒绝,拒绝被示为不礼貌。午餐在一天中是最丰盛的一餐,时间一般持续两三个小时。在意大利,互相赠送商务性礼物也是很普遍的。和意大利人谈话要注意分寸,一般谈论工作、新闻、足球,不要谈论政治和美国橄榄球。

意大利人有早晨喝咖啡、吃烩水果、喝酸牛奶的习惯。酒特别是葡萄酒是意大利人离不开的饮料,不论男女几乎每餐都要喝酒,甚至在喝咖啡时,也要掺上一些酒。

如果有人打喷嚏,旁边的人马上会说:"萨尔维!(祝你健康)"另外,当着别人打喷嚏或咳嗽,被认为是不礼貌和讨嫌的事,所以要马上对旁边的人表示"对不起"。

意大利人忌讳菊花。

2. 希腊

在希腊13.199万 km² 的土地上,仍留下来大量的古希腊时期的遗迹,在现有1 026.9万人口中,希腊族占98%以上,此外还有马其顿族等。希腊语为国语,98%的居民信奉东正教。他们高度重视教育,积极投资教育事业,普及九年制义务教育,在公立中小学中实行免费制度。

希腊人十分注意着装整洁,尤其是中老年人更讲究衣着端庄大方。希腊人举止高雅,并有许多讲究。他们不使用招手和摆手的动作,认为这是蔑视人的一种行为,手离对方的脸越近则侮辱性越强。他们还认为久久地凝视别人是不怀好意的表现。当众打喷嚏和用手帕擦鼻涕更是他们十分忌讳的。一般来说,希腊人在社交场合与客人相见时是以握手为礼,但在许多情况下他们也以拥抱、亲吻来表示自己的友好之情。希腊人在路上与他人相遇时,即便素不相识,也会向对方问候,以示友好。如果道路狭窄,他们总是让对方先行,尤其是对外国人。

希腊人以面食为主,有时也吃米饭。他们喜欢吃牛羊肉,常吃的蔬菜有番茄、土豆等。晚餐时间较晚。他们喜欢喝土耳其咖啡,而且嗜酒如命,不论午餐、晚餐都要喝酒,常常喝得稍醉微醺。

到希腊进行商务活动的最佳月份是当年9月至次年5月。圣诞节前后不宜前往。见面时,当地工商界人士通常会为你递上一杯浓稠的咖啡,对此不宜拒绝。希腊人性格开朗,乐天好客,他们说话好激动,但并无恶意。对方如滔滔不绝地说话,你最好恭敬地倾听。

希腊人忌讳"13"和星期五,认为它们是不吉祥的。他们不喜欢黑色,也不喜欢猫,尤其厌恶黑猫。到希腊人家中做客,忌过分赞赏某件东西。

三、北欧地区

瑞典

瑞典、挪威、丹麦、芬兰，虽然同是斯堪的那维亚国家，但瑞典人在政治和社会交际中比其他王国要开放。瑞典的特殊地理环境及和平宁静的生活，形成了他们既乐观又比较沉默寡言，既愿意结交又比较孤僻的复杂性格。他们有较高的文化教养，言谈文明、行为规矩。他们在与宾客谈话时，还有个特殊的习惯，总喜欢你看着我，我看着你，认为这样既显得重视对方，又表示相互间的亲密。谈论的话题可以涉及许多方面，但不要去批语瑞典的文化或政治。

祝酒的形式比其他斯堪的纳维亚国家较为正规。如果你了解这些老派的礼仪，便会给主人留下较好的印象。给女主人送上一束鲜花将是受欢迎的。

他们在宴请宾客时，敬酒也是有一些规矩的。一般情况下，客人要等主人、年长者或职位高的人敬酒之后才能敬酒；在主人没说"请"之前不能碰杯等等。他们宴请客人餐毕后，总乐于客人离桌前要向主人表示感谢，并还要在次日打电话再次表示谢意，否则便会认为你缺乏礼貌。他们不愿意下午举行社交活动。因为他们一般都习惯下午2点至5点之间休息，晚10点以后至次日凌晨才开展活动。他们最喜爱安静幽雅的环境，对花草更是倍加喜欢，尤其对花中之冠的睡莲更加偏爱。他们喜欢乌鸫，认为它善于模仿多种鸟的鸣叫，声音婉转动听，特别讨人喜爱。故此人们还喻其为国鸟。他们手戴的戒指既为装饰品，又是职业的象征。

四、东欧地区

捷克

捷克人认为可以没有好衣服，不可没有好风度。他们不但在与别人打交道时谈吐文雅，彬彬有礼，而且独处时也不随便，对举止轻浮的人非常讨厌，对公众场合搂肩搭背的现象也没有好感。在家里，对长辈恭敬，在室外，扶老携幼者随处可见。捷克人在穿着上比较讲究，正式场合都是西装或长大衣，天气寒冷时还戴帽、围巾，妇女爱穿具有传统风格的黑色或深红色裙。

每年新年开始，捷克人都要举行迎接新生儿的传统仪式。元月3日选出新年里的第一批婴儿公民，选中的将得到衣服和摇篮车等奖品。

捷克千方百计发展旅游业，几乎所有历史文物、名胜古迹都对旅游者开放，而且特别重视提高服务人员的素质和水平。他们待客彬彬有礼，喜欢不厌其烦地介绍这里的山川景物、名胜特色、历史掌故和风土人情。

捷克民族将玫瑰花视为国花,人们普遍忌讳红三角图案。受欢迎的谈话内容是体育运动等,不受欢迎的话题是政治问题和家庭琐事等。

第三节　非洲部分国家民俗

北非:阿尔及利亚、乍得、埃及、利比亚、马里、毛里塔尼亚、摩洛哥、尼日尔、苏丹、突尼斯等。

中非:中非共和国、安哥拉、加蓬、赤道几内亚、喀麦隆、刚果等。

西非:加纳、利比里亚、尼日利亚、塞内加尔、塞拉里昂等。

南非:博茨瓦纳、莱索托、马达加斯加、毛里求斯、莫桑比克、纳米比亚、南非、津巴布韦等。

东非:埃塞俄比亚、索马里、肯尼亚、坦桑尼亚、卢旺达等。

一、北非地区

1. 埃及

埃及地跨非、亚两洲。伊斯兰教是埃及的国教。埃及人正直、爽朗、宽容、好客。他们往往以幽默的心情来应付严酷的现实生活。晚餐在日落以后和家人一起共享,所以在这段时间内,有约会是失礼的。埃及伊斯兰教徒有个绝不可少的习惯:一天之内祈祷数次。埃及人通常以"耶素"(就是不发酵的平圆形埃及面包)为主食,进餐时与"富尔"(煮豆)、"克布奈"(白乳酪)、"摩酪赫亚"(汤类)一并食用。他们喜食羊肉、鸡、鸭、鸡蛋以及豌豆、洋葱、番瓜、茄子、胡萝卜、土豆等。在口味上,一般要求清淡、甜、香、不油腻。串烤全羊、烤全羊是他们的佳肴。他们习惯用自制的甜点招待客人,客人如果是谢绝一点也不吃,会让主人失望也失敬于人。

埃及人在正式用餐时,忌讳交谈,否则会被认为是对神的亵渎行为。埃及人一般都遵守伊斯兰教教规,忌讳喝酒,喜欢喝红茶。他们有饭后洗手、饮茶聊天的习惯。忌吃猪、狗肉,也忌谈猪、狗。不吃虾、蟹等海味、动物内脏(除肝外)、鳝鱼、甲鱼等怪状的鱼。男士不要主动和妇女攀谈;不要夸人身材苗条;不要称道埃及人家里的东西,否则会认为你在向他索要;不要和埃及谈论宗教纠纷、中东政局及男女关系。

在埃及,一到了下午3~5点之后,人们大都忌讳针。商人决不卖针,人们也不买针,即使有人愿出10倍的价钱买针,店主也会婉言谢绝,绝不出售。

在埃及,进伊斯兰教清真寺时,务必脱鞋。埃及人爱绿色、红色、橙色,忌蓝色和黄色,认为蓝色是恶魔,黄色是不幸的象征,遇丧事都穿黄衣服。也忌熊猫,因它的形体近似肥猪。喜欢金字塔型莲花图案。禁穿有星星图案的衣服,除了衣服,有星星图案的包装纸也不受欢迎。3、5、7、9 是人们喜爱的数字,忌讳 13,认为它是消极的。吃饭时要用右手抓食,不能用左手。不论送给别人礼物,或是接受别人礼物时,要用双手或者右手,千万不要用左手。

2. 阿尔及利亚

阿尔及利亚位于北非西部,面积 238 万 km^2,人口 2 346 万人。居民中绝大多数是阿拉伯人。

阿尔及利亚以逊尼派伊斯兰教为主,居民中穆斯林约占 99%。阿拉伯语为国语,亦用法语。1968 年开始施行阿拉伯化,渐以阿拉伯语作为官方语代替法语。

阿尔及利亚是世界上石油和天然气的重要生产国和输出国之一,天然气储量在非洲占第一位。

阿尔及利亚 1962 年 7 月 5 日宣布独立,同年 9 月 25 定名为阿尔及利亚民主人民共和国。首都阿尔及尔是全国最大的港口,自古为地中海交通要道,人称"白色之城"。货币为第纳尔。

伊斯兰教对阿尔及利亚人的生活风俗影响颇大。每年伊斯兰教历的九月他们都要过传统的祭礼月——"斋月"。在阿尔及利亚,穆斯林还要在每天的中午、下午、夜晚面向麦加方向祷告 5 次。此外,星期五是他们的礼拜日,这一天,都要到清真寺进行一次集体礼拜。礼拜结束后,他们就互道"色兰",才一一离去。

阿尔及利亚人十分慷慨、好客,注意礼节。他们见面时,通常要用右手按住胸口,互相问候,并口中念道:"愿真主保佑您",显得彬彬有礼。

阿尔及利亚商务礼俗:冬季访问时,宜穿保守式样西装。访政府机构或谈业务必先预约。该国商人喜欢邀请你至家中作客,握手时须用力。外出时,男女不可过于亲热,连牵着手也不行,注意不要拍摄戴头罩的女人。女人不可去电影院。阿尔及利亚人不吃猪肉、海味、虾、动物内脏和其他奇形怪状的食品,如鱿鱼、海参等,也不吃自然死的动物。大米或面为阿尔及利亚人的主食,上层人士一般喜欢吃欧式西餐,但也爱吃中国的四川菜。烤全羊则是他们的名贵菜肴。

二、中非地区

中非共和国

中非是个多民族国家,主要部族 30 多个,划分为 10 个较大的部族居住区域,主要有巴雅、班达、班图、乌班吉人、恩格班迪部族居住区等,其中巴雅族在各部族中的人数为最多,班达族人分布最广。在距首都班吉 80 km^2 处的洛巴耶省,还居住着一群比克迈族人(即称小矮人)。从历史来看,各部族之间没有较大规模的冲突。民俗民风大同小异。

在一些部落,尤其是北部靠乍得边境地区,青年男女从少年过渡到成年人阶段,均要进行刺伤面部仪式。目的是让面部留下疤痕,作为区分不同部落的特殊标记,易于辨认。过去在偏远山区,当男孩尚未成年前,村里的长者要把他们全部召集到一起,送到深山老林中,与世隔绝,不准与外界有任何联系,进行为期三个月的割包皮仪式,其间不乏有人不幸身亡,那死者必须被埋葬在丛林或河段深处。现在,此传统习俗逐步被文明和科学取代,一般男孩到 3 岁时,父母将带其到医院进行正常的包皮环切术。

中非人的婚葬习俗也比较复杂。

三、西非地区

尼日利亚

西非的"天府之国"尼日利亚,居民中穆斯林占 47%,基督教徒占 34%。尼日利亚是全世界人口最多的黑人国家。

尼日利亚有许多部族,其习俗与文化传统有很大差别,所以他们的生活方式也截然不同。施礼前,总习惯先用大拇指轻轻地弹一下对方的手掌再行握手礼。

谈话中应回避的一个话题是宗教。他们不愿谈论政治,特别是有关非洲的政治问题。尼日利亚人和人交谈的时候,从不盯视对方,也忌讳对方盯视自己,因为这是不尊重人的举止。他们忌讳左手传递东西或食物,忌讳"13"。已婚妇女最忌讳吃鸡蛋。她们认为妇女吃了鸡蛋就不会生育。尼日利亚伊萨人认为食指是不详之物,无论谁用右手的食指指向自己,都是一种挑衅的举动;如果有人伸出手并张开五指对向自己,更是粗暴地侮辱人的手势,相当于辱骂祖宗。这些都是令人不能容忍的。他们用餐一般习惯以手抓饭,社交场合也使用刀叉。

四、南非地区

南非

南非位于非洲大陆的最南端。英语和南非荷兰语同为官方语言。南非社交礼仪可以概括为"黑白分明""英式为主"。也就是受到种族、宗教、习俗的制约,南非的黑人和白人所遵从的社交礼仪不同;白人的社交礼仪特别是英国式社交礼仪广泛地流行于南非社会。

以目前而论,在社交场合,南非人所采用的普遍见面礼节是握手礼,他们对交往对象的称呼则主要是"先生""小姐"或"夫人"。在黑人部族中,尤其是广大农村,南非黑人往往会表现出和社会主流不同的风格。比如,他们习惯以鸵鸟毛或孔雀毛赠给贵宾,客人得体的做法就是把这些珍贵的羽毛插在自己的帽子上或头发上。

在城市里,南非人的穿着打扮基本西化了。大凡正式场合,他们都讲究着装端庄、严谨。南非黑人通常还有穿着本民族服装的习惯。不同部族的黑人,在着装上往往会有自己不同的特色。

南非当地白人以吃西餐为主,经常吃牛肉、鸡肉、鸡蛋和面包,爱喝咖啡和红茶。而黑人喜欢吃牛肉、羊肉,主食是玉米、薯类、豆类,喜欢吃熟食。南非著名的饮料是如宝茶。在南非黑人家做客,主人一般送上刚挤出的牛奶或羊奶,有时是自制的啤酒。客人一定要多喝,最好一饮而尽。

信仰基督教的南非人,忌讳数字 13 和星期五。南非黑人非常敬仰自己的祖先,他们特别忌讳外人对自己的祖先言行失敬。跟南非人交谈,有四个忌讳的话题:一是不要为白人评功摆好;二是不要非议黑人的古老习惯;三是不要为对方生了男孩表示祝贺;四是不要评论不同黑人部族或派别之间的关系及矛盾。

五、东非地区

索马里

索马里位于非洲大陆最东端的索马里半岛上,是世界上人均拥有骆驼数量最多的国家之一,素有"骆驼王国"的称号。居民绝大多数属于闪含语系的索马里人种,分为萨马莱(占全国人口 80％以上)和萨布两大民族体系。全国 95％以上的居民信奉伊斯兰教,伊斯兰教被定为国教,少数人信奉天主教,沿袭着传统的风俗礼仪。

在索马里流行着这样一句话:"家里养几峰骆驼,就可以不愁吃不愁穿。"直到今天,在索马里许多地方仍然盛行用骆驼作为财富的象征和支付的手段。例如因民事纠纷造成命案便用骆驼进行抚恤或赔偿;男女筹办婚事,男方家先给女方家送去几峰骆驼作为订婚彩礼,某一个家庭举办婚姻庆典仪式,众人们纷纷赶着骆驼从四面八方汇集在一起庆贺等。

应邀到索马里朋友家中做客,应当按照事先约定的时间准时抵达,届时主人会高兴热情地在院门外迎候。客人进门,总是给主人家带来欢乐喜庆的气氛。女主人会率全体子女一一向客人行礼表示问候和欢迎,然后一一退出客厅。

在社会交往场所,索马里人非常重视自己的着装,非常讲究自己的着装是否得体。许多索马里人也喜欢穿一身民族服装,男士总是一身宽大棉布袍,女士多穿一身色彩艳丽的连衣裙,而且还要佩戴一块花色的头巾。

索马里也是一个禁忌比较多的国家,外来客人需要注意熟悉、了解并给予尊重。在当地,未经允许不得擅自进入清真寺,男性不得伸手同女士们握手,不得当面询问女士的年龄。

自 2008 年开始,索马里海盗在亚丁湾附近的贸易航线活动日益猖獗,经常抢劫各国商船,绑架人质,于是各国纷纷出动军舰护航。如今索马里海盗虽然未被列入恐怖分子名单,但其风头早已盖过本·拉登和基地组织,传遍了全球。

第四节　拉、美部分国家民俗

北美:美国,加拿大,墨西哥等。

南美:阿根廷,巴西,智利,哥伦比亚,巴拉圭,乌拉圭等。

加勒比海地区:哥斯达黎加,古巴,危地马拉,尼加拉瓜,巴拿马等。

通常情况下,拉丁美洲人在交谈时,彼此间的距离很近。如果想在那个地区开展业务的话,就要学会接受这种距离很近的谈话方式。在整个拉丁美洲,午饭是正餐。是否付小费视所在国情况而定。在大部分的中美与南美地区,人们通常在到达和离开时握手。人们的名片要用英语和当地语来印刷。会晤迟到 30 分钟是常有的事。拉丁美洲人民是热情友好的,他们喜好请客。送礼是他们的传统风俗,向女士赠送的礼物可以是香水和名牌物品;至于男士们,则可以送他们一些新奇的小玩意儿或男人们随身携带的小物品,当然最好是名牌的。不管男女,都可向他们送具有你本国艺术特点或有历史意义的物品。当你被邀请到拉丁美洲人家共进正餐时,花或酒均可作为礼品带去。一般情况下,均要祝酒,但要由主人先祝酒。要穿戴适当的衣着(夹克和领带),即使天气很热,也要这样做。

一、北美地区

1. 美国

美国 80% 以上是欧洲移民的后裔,华裔约 100 万。50% 的居民信奉基督教和天主教,其他人信仰犹太教和东正教。美国人一般性情开朗、乐于交际、不拘礼节。第一次见面不一定行握手礼,有时只是笑一笑,说一声"Hi"或"Hello"就算有礼了。握手的时候习惯握得紧,眼要正视对方,微弓身,认为这样才算是礼貌的举止。一般同女人握手美国人都喜欢斯文。在美国,如果要登门拜访,必须先打电话约好;名片一般不送给别人,只是在双方想保持联系时才送。当着美国人的面想抽烟,必须问对方是否介意,不能随心所欲。

美国人喜爱白色,认为白色是纯洁的象征;偏爱黄色,认为是和谐的象征;喜欢蓝色和红色,认为是吉祥如意的象征。他们喜欢白猫,认为白猫可以给人带来运气。

美国人对握手时目视其他地方很反感。认为这是傲慢和不礼貌的表示。忌讳向妇女赠送香水、衣物和化妆用品。美国妇女因有化妆的习惯,所以他们不欢迎服务人员送香巾擦脸。

在美国千万不要把黑人称做"Negro"，最好用"Black"一词，黑人对这个称呼会坦然接受。因为 Negro 主要是指从非洲贩卖到美国为奴的黑人。跟白人交谈如此，跟黑人交谈更要如此。否则，黑人会感到你对他的蔑视。

伸舌头这种举止是污辱人的动作。认为蝙蝠是吸血鬼和凶神的象征。忌讳数字"13""星期五"等日。忌讳问个人收入、财产情况、妇女婚否、年龄以及服饰价格等私事。黑色是丧葬用的色彩。忌讳赠礼带有公司标志的便宜礼物，因为这有义务做广告的嫌疑。

2.加拿大

加拿大是一个多民族的国家，国内有着各种不同的风俗和生活习惯。加拿大的多元文化一直受到旅游人士的欣赏。大多数的加拿大人系欧洲移民的后裔，他们的宗教信仰和生活习俗与欧洲及美国人民大致相同。

加拿大人大多喜好现代艺术，酷爱体育运动。在饮食口味上，加拿大人喜欢甜酸、清淡、不辣的食品，爱喝原汁原味的清汤，烹调中不加调料，调料只放在餐桌上供自由选择。除炸烤的牛排、羊排、鸡排之外，他们也爱吃野味，但忌食各种动物内脏，也不爱吃肥肉。晚餐是加拿大人最为重视的正餐，他们还喜欢喝下午茶，嗜好饮酒。

加拿大人将鲜花当做最普遍的馈赠礼品，但忌讳赠送白色的百合花，因为这种花只在葬礼上使用。当地人把加拿大分为讲英语和讲法语两个部分时，外来的旅游者最好不要卷进去评议。加拿大人喜欢外来人谈及他们国家和人民的好处，而不喜欢外来人过分地将他们的国家和美国进行比较。当地人相见时多以握手为礼，一般不喜欢黑色和紫色。在宴席上，加拿大人常喜欢成双成对地安排座位。加拿大的原住民（因纽特人和印第安人），现在大多数继续保持着他们本民族的传统习俗。参观和体验原住民的古老习俗，也是不少观光客所向往的。随着加拿大不断地接受新移民，多种多样的文化因素也不断地添加进来。这里丰富多彩的饮食文化，也是吸引旅游者的重要因素之一。国内各主要省市都提供各地不同的美食，其中大部分是由亚洲新移民引进的。加拿大是个多民族的国家，有英裔、法裔、印第安人、爱斯基摩人、华人和少量欧美及亚洲各国移民。这些民族都具有自己的传统习惯和风俗，在婚礼上也表现如此，从而使加拿大成为一个有着多姿多彩婚礼习俗的国家。加拿大的英裔居民和法裔居民大多信奉天主教或基督教，他们的婚礼习俗同西方信基督教的国家有很多相似之处。大多数加拿大青年对婚礼非常重视，他们总是力求将婚礼办得热烈隆重、多姿多彩、富有纪念意义，通常在婚礼前几个月甚至一年时间便开始有关的准备工作。加拿大印第安人的婚礼带有浓厚的民族色彩。婚礼地点多选择在印第安人聚居区公共建筑物里举行，一般是一幢较大的木头房屋。举行婚礼时，亲朋好友、左邻右舍、村中居民纷纷来到木房里,众人席地而坐,互致问候。男女老幼身穿民族服装,款式新颖,色泽艳丽。虽然印第安人性情开朗,但婚礼场合却显得非常安静,即使说话也是轻言细语。根据印第安人传统习惯,新郎婚前要设法猎获一头麋鹿,用鹿肉加野米熬成汤,婚礼上分给大家喝。按照古老惯例,印第安人婚礼上吃玉米饼时,还应吃烤野牛肉,但今天的野牛成为保护动物,所以许多人婚礼上的烤野牛肉便用美国的"肯德基炸鸡"代替了。这样,印第安人的婚礼既保持着本民族的传统习惯,又受到了西方文化的影响。喜宴结束后,酋长和长老离去,人们来到一块空地上,随着欢快的鼓声,通宵达旦跳传统的印第安太阳舞。

居住在加拿大北部的爱斯基摩人,至今流行着"抢亲"的古老习俗。爱斯基摩人注重诚挚的感情,不讲究结婚的形式。一对男女青年产生恋情,发展到一定程度,男方给女方家盖一幢房子或者送给女方一套能够御寒的衣服,女方家庭成员住进房子或者女方穿上衣服,就算相互间的婚姻关系确定了。爱斯基摩人婚礼异常简朴,新郎新娘叩拜家族长老、父母兄弟、亲朋好友等,大伙吃一顿鱼肉饭、喝一碗鱼汤,纵情跳一阵舞,婚礼就宣告结束,客人各自离去。文化与艺术的多元化,土著人文化是唯一真正属于加拿大自己的本土文化,因为加拿大人其他的文化都是由来自世界各地的移民引进的。加拿大最早期的移民是从 17 世纪开始向加拿大迁移的,他们给加拿大带来了他们的着装风格、饮食爱好和风俗习惯。20 世纪初,加拿大向世界各地敞开了移民的大门,并于 1988 年通过了《多种文化法案》,从而使加拿大的多元文化得到了正式承认。

3.墨西哥

去墨西哥的人出发之前不要过低估计墨西哥城的高海拔、烟雾及交通状况的严重性。稍不注意饮用水,就会出现腹泻,这在当地被称做"蒙特祖玛的复仇"。然而,所有这些都会因为当地友好的、宽厚的以及随和的商业气氛而变得不那么重要。墨西哥人会对来访者尽量想说一些西班牙语的愿望感到高兴。一般情况下,人们见面时握手是很受墨西哥人欢迎的。主人或女主人并不盼望你送花来。一般也不写感谢信,当然,你写了,主人会高兴。如果你真的要送花,记住黄花暗示死亡。

二、南美地区

1.阿根廷

阿根廷是拉丁美洲最富有的国家之一,在拉丁美洲国家中,仅次于巴西及墨西哥,为拉丁美洲第三经济大国。阿根廷的男人们在长久分别后,会紧紧地拥抱,妇女们则用双手握手,并互吻脸颊。在阿根廷,拜访绝对有必要事先约会。阿根廷商界流行以握手为礼,交换名片频繁。一般而言,谈生意的态度仍以保守谨慎,给人印象较佳。阿根廷许多商人会说英语,此外,意大利语和德语也是常用"外语"。不喜欢以个人类的物品作为礼物,比如领带、衬衣等。如果在阿根廷人家里受到款待,要安排商店为女主人送去花或糖果。阿根廷人在饮食上习惯吃欧式西菜,以吃牛、羊和猪肉为主,尤以烤全牲为其传统的食品。阿根廷人特别喜爱客人对他们的孩子、饭菜及家庭致以褒奖之词。不要讨论有争议的问题,如政治和宗教。但可毫无顾忌地谈论体育——尤其是足球和当地公园里的美丽景色。

阿根廷的商务礼俗,必须穿保守式样的西装。若在餐厅吃晚餐,也要穿西装,系好领带,一副绅士模样。即使你是外地来的观光客,也绝不例外。据载,当年贝隆当政的时代,他曾经喊出一个口号:"脱下上衣,以更轻松的心情努力工作。"据说,不但效果全无,还引起了反感。保持体面,重视礼节,在这方面,阿根廷人的习惯,已经根深蒂固。

2.巴西

巴西位于南美洲东部和中部,常用语是葡萄牙语。巴西人民在表达他们的感情方面不会感到任何不好意思。他们会在大街上拥抱。不分男女,在见面和分手时要握手。妇女们碰到一起时,则将脸颊贴在一起,同空气接吻。如同大多数的拉丁美洲人一样,巴西人对时间和工作都漫不经心。不要在会谈一开始时马上进入正题,除非东道主这样做。巴西人待客是不断地向客人提供小杯的浓咖啡。如果在巴西人家里受到款待,有礼貌的做法是在第二天送去花及感谢信,要注意花不能是紫色的(那是死亡的表示)。

第五节 大洋洲部分国家民俗

大陆国家:澳大利亚、新西兰、巴布亚、新几内亚等。
岛屿国家:斐济、瓦鲁阿图、基里巴斯、汤加等。

一、大陆国家

1.澳大利亚

澳大利亚是个现代化的移民国家,政府当局大力提倡栽花种草、保护环境,所以这里的每一座城市都像花园一样美丽。该国现有人口1 733.6万,英国和其他欧洲国家的移民后裔约占总人口的95%,官方语言为英语。居民中信奉基督教的占98%,少数人信奉犹太教、伊斯兰教和佛教。

澳大利亚是一个移民国家,多元文化是澳大利亚文化的必然特性,从主流文化角度而言,澳大利亚属西方文化;它的生活方式与西欧和北美相似。澳大利亚的生活大多是轻松而友善的,来自世界各地的移民大都喜欢这里的生活。

澳大利亚人既有西方人的爽朗,又有东方人的矜持。他们兴趣广泛,喜欢体育运动,如冲浪、帆板、赛马、钓鱼、赌赛马、地滚球运动、澳式橄榄球及游泳等都有众多的热衷者。在悉尼市,若不会游泳,将成为人们嘲笑的对象。在商港达尔文市,由于白天温度很高,因此游泳一般都在晚间进行。该市的市民尤其喜欢喝啤酒,据说啤酒销售量仅次于联邦德国的慕尼黑市。

澳大利亚男子秉承了英国传统绅士的作风,讲究"妇女优先",感情不外露。多数男人不喜欢紧紧拥抱或握住双肩之类的亲密动作;在社交场合打哈欠、伸懒腰等小动作,是非常不雅观、不礼貌的行为。

居住在澳大利亚一些部落辖区内的土著人,仍然保护着自己的风俗习惯。他们以狩猎为生,"飞去来器"是他们独特的狩猎武器。他们大部分仍居住在用树枝和泥土搭成的窝棚里,围一块布或用袋鼠皮蔽体,并喜欢纹身或在身上涂抹各种颜色。平时仅在颊、肩和胸部涂上一些黄白颜色,参战时在身上涂红色,死后涂白色,节庆仪式或节日歌舞时彩绘全身。纹身多为粗线条,有的像雨点,有的似波纹,对经过成年礼的土著人来说纹身不仅是装饰,而且还用以吸引异性的爱慕。在狂欢舞会上,人们头戴五彩装饰,身画彩纹,围着篝火跳集体舞。舞蹈纯朴,多反映狩猎生活等。土著部落内实行原始分配制度,盛行图腾崇拜。土著男子进入成年须经历一系列严酷的锻炼和考验,并接受部落传统、道德等教育。

澳大利亚男子多穿西服,打领带,正式场合打黑色领结;妇女一年四季多穿裙子,社交场合则搭配西装上衣。年轻人比较喜欢牛仔裤,土著居民则赤身裸体,或在腰间扎条围巾,比较讲究的土著会在身上也披条围巾。土著人的装饰品丰富多彩,有臂环、项圈、前额箍、骨制鼻针等,节日时,还会在身上涂抹各种颜色。

握手是澳大利亚常见的招呼方式,拥抱亲吻则比较罕见,多发生于女性好友之间。澳大利亚人的时间观念很强,商务约会必须提前预约并准时赴约;私人拜访则需携带礼物,最合适的莫过于一束鲜花、一盒糖或一瓶葡萄酒。

澳大利亚人以吃英式西菜为主,主食为牛、羊肉、鸡、鸭、蛋等,尤喜动物蛋白质类食物,口味清淡,不喜油腻,以丰盛和量大闻名。主要饮品为牛奶、啤酒和咖啡,不吃辣,对中国菜颇感兴趣。

在澳大利亚,男女婚前一般要先订婚,由女方家长宴请男方家长及兄弟姐妹,婚礼后要举行宴会。澳大利亚人的葬礼,多在教堂内举行,由牧师主持追思礼,该国还完整保存着寡妇沉默的古俗。

澳大利亚不流行小费,如果服务人员为你提供了额外服务,也可适当支付小费,但数目不宜多;购物时不要讨价还价;乘坐出租车一定要系安全带,否则是违法行为。

澳大利亚人最喜爱的动物是袋鼠与琴鸟，前者被视为澳洲大陆最早的主人，后者则是澳大利亚的国鸟。蛋白石是澳大利亚人珍爱的宝石，也是该国的国石。兔子则被视为不吉利的动物，碰到兔子意味着厄运降临。在数目方面，受基督教的影响，澳大利亚人对"13"和"星期五"反感至极。

周日是澳大利亚基督徒的礼拜日，所以一定不要在周日与其约会，这是非常不尊重对方的举动。

在澳大利亚工作，工资一般是每周发一次（公务员或者大机构是每两周发一次），发工资的日子通常是星期四或星期五。因此，澳大利亚的餐馆、酒吧、百货公司每周的星期五、六是生意特别好的日子。近年一些大型百货公司和购物中心都有逢星期四晚延长营业时间的做法，迎合逢星期四领工资的人士。一些不注意安排花钱的人，就会有周末富贵、周初贫穷的现象。

2. 新西兰

新西兰四面环海，属温带海洋性气候，全境大部分地区夏无酷暑，冬无严寒，终年温和多雨，夏季与冬季温差一般不超过 10℃。

新西兰地处南半球，季节的更替与北半球相反：春季是 9 月到 11 月，夏季是 12 月至翌年 2 月，秋季是 3 月至 5 月，冬季是 6 月至 8 月。9 月份、10 月份气温平均在 15～20℃之间，是出游的最佳时节。每年的 11 月到次年 4 月，特别是从学校放假的日子到来年的 1 月，到新西兰去旅游最好要先预订好，否则很有可能没有地方住。去新西兰沿海地区，最好带上一件夹克衫或运动衫，西北部地区常有阵雨，最好带上雨具。最重要的文化活动有：夏季城市之旅（1－2 月在惠灵顿举行一系列的活动）、国际艺术节（偶数年份的 2 月 1 个月，在惠灵顿）、金剪子剪羊毛比赛（3 月在马斯特顿）、卡特伯雷展示周（11 月在基督城，农产品展、骑术和本地娱乐活动）。

在新西兰，毛利人仍保留着浓郁的传统习俗。他们大都信奉原始的多神教，还相信灵魂不灭，尊奉祖先的精灵。每遇重大的活动，他们便照例要到河里去做祈祷，而且还要相互泼水，以此表示宗教仪式上的纯洁，他们有一种传统的礼节：当遇到尊贵的客人时，要行"碰鼻礼"，即双方要鼻尖碰鼻尖二三次，然后再分手离去。据说，按照其风俗，碰鼻子的时间越长，就说明礼遇越高，越受欢迎。给别人拍照，特别是给毛利人，一定要事先征求同意。

新西兰人见面和告别均行握手礼，习惯的握手方式是紧紧握手，目光直接接触，男士应等候妇女先伸出手来。鞠躬和昂首也是他们的通用礼节。初次见面，身份相同的人互相称呼姓氏，并加上"先生""小姐"等，熟识之后，互相直呼其名。

新西兰人时间观念较强，约会须事先商定，准时赴约。客人可以提前几分钟到达，以示对主人的尊敬。交谈以气候、体育运动、国内外政治、旅游等为话题，避免谈及个人私事、宗教、种族等问题。会客一般在办公室里进行。应邀到新西兰人家里做客,可送给男主人一盒巧克力或一瓶威士忌,送给女主人一束鲜花。礼物不可过多,不可昂贵。

当地大部分居民是英国人的后裔,因此,这里流传的是许多英国人的身势语和示意动作的习俗。他们对大声喧嚷和过分地装腔作势是表示不满的。当众嚼口香糖或用牙签被认为是不文明的行为。新西兰人用欧洲大陆式的用餐方式,那就是始终左手握叉,右手拿刀。

二、岛屿国家

汤加

汤加国名源于国内主岛的名称。是由当地的土著居民对其主岛"汤加塔布"的称呼演变发展而来的。在当地的土语中,"汤加"为"圣地"或"神岛"之意。公元 950 年起至今,汤加经历了 4 个王朝。直至 1970 年 6 月 4 日汤加才正式宣布独立,成为英联邦成员国。

汤加位于南太平洋西部。西距斐济约 650 km,由汤加塔布、哈派、瓦乌 3 个群岛组成,共 172 个小岛。

汤加全国面积 747 km^2。人口约 10 万人,主要为汤加人。汤加全国划分为区、镇两级。首都为努库阿洛法。货币为"潘加"。通用汤加语和英语。

汤加人社交习俗总的特点可以用以下几句话来概括:

汤加位居大洋洲,太阳光照最先收;国民多信基督教,忌送鲜花必遵守;"十三"数字要回避,以胖为美瘦为丑;讲究礼貌和礼节,待人和蔼性温柔;迎宾惯摆"全猪宴",盛情敬献"卡瓦酒"。

汤加人在社交场合与宾客见面时,一般是以握手为礼,并习惯相互问候和寒暄几句。汤加等级低的人拜见等级高的人时,要施"莫伊—莫伊"吻足礼。

尽管餐桌上常备有餐具,但汤加人喜欢用手取食。在他们家里,你若在草垫上席地而坐会受到这家人的欢迎。送礼是合宜的,但只有亲密的朋友之间才送礼。鲜花不被看作礼物。

汤加人绝大多数信奉基督教。他们把星期日当做安息日,这天,人们不得外出工作,只准在家干些杂事。并且严禁袒胸露背到公共场所。他们忌讳"13",认为"13"是不吉祥的,是会给人带来厄运和灾难的数字。他们忌讳吃饭时相互说话,认为这是一种不礼貌的举止。他们忌讳以鲜花当做礼品送人。他们最忌讳有人说他们身材窈窕,认为这比骂他们还厉害,因为他们以体态肥胖为最美的标志,以身材窈窕为丑陋。

第六节　其他地区和国家民俗

横跨欧、亚两洲之国：俄罗斯、土耳其、哈萨克斯坦、格鲁吉亚、阿塞拜疆等。

一、东欧

俄罗斯

俄罗斯横跨欧、亚两洲，位于亚洲北部、欧洲东北部，跨越了欧亚大陆的北部大部分地区。俄罗斯主要是俄罗斯人，东正教是主要宗教。

俄罗斯人的姓名包括三个部分，依次为名、父称、姓。女人结婚后一般随男人姓，有的保留原姓。在俄罗斯人当中，不同的场合不同对象有不同的称呼。

俄罗斯人交际时通常在三种情况下使用"你"：①对 16 岁以下的儿童；②近亲之间与同事之间（年轻人之间）；③年轻人对年轻人。对老年人、陌生人（儿童除外）和领导人则称"您"。对儿童可直呼其名，而对老年人、陌生人和领导人则应呼其名字加父称。目前在俄罗斯"先生""同志""公民"三种称呼并存。

大部分俄罗斯人都在家中用餐，只在上班的午休时间才去餐馆。遇有喜庆或举办婚礼时，俄罗斯居民通常都在餐馆举行，由邀请人付费。朋友聚会一般在家庭环境下进行。客人通常都带给主人小礼品（蛋糕、酒）和鲜花。

铺着绣花的白色面巾的托盘上放上大圆面包和面包上面放一小纸包盐。捧出"面包和盐"来迎接客人，是向客人表示最高的敬意和最热烈的欢迎。

在比较隆重的场合，男人弯腰吻妇女的左手背，以表尊重。长辈吻晚辈的面颊 3 次，通常从左到右，再到左，以表疼爱。晚辈对长辈表示尊重时，一般吻两次。妇女之间好友相遇时拥抱亲吻，而男人间则只互相拥抱。亲兄弟姐妹久别重逢或分别时，拥抱亲吻。在宴会上喝了交杯酒后，男方须亲女方的嘴。

俄罗斯特别忌讳"13"这个数字，认为它是凶险和死亡的象征。相反，认为"7"意味着幸福和成功。俄罗斯人不喜欢黑猫，认为它不会带来好运气。俄罗斯人认为镜子是神圣的物品，打碎镜子意味着灵魂的毁灭。但是如果打碎杯、碟、盘则意味着富贵和幸福，因此在喜筵、寿筵和其他隆重的场合，他们还特意打碎一些碟盘表示庆贺。俄罗斯人通常认为马能驱邪，会给人带来好运气，尤其相信马掌是表示祥瑞的物体，认为马掌即代表威力，又具有降妖的魔力。遇见熟人不能伸出左手去握手问好，学生在考场不要用左手抽考签等等。

俄罗斯东正教节日在公历 1 月 19 日。这一天往往是基督教的入教仪式，新生儿在命名日受洗。在洗礼节那天人们除去教堂祈祷外，还要到河里破冰取"圣水"。1

月 18 日晚是占卜日,特别是女孩子,在这一天晚上要占卜自己的终身大事。

俄罗斯的送冬节,又名谢肉节或狂欢节,为期 7 天,在每年的 2 月 19—25 日,节日期间,俄罗斯各地都要举办化装演出、游戏、民族歌舞表演等活动,送走冬天。

俄罗斯优美的自然环境给她的人民提供了很好的休息环境。在夏季,空闲时人们常在公园或路边小憩,或是在郊外烧烤和游泳。当假期来临,他们就去自己的别墅种种菜,休息休息,是一个极会享受的民族。

俄罗斯极富民族特色的纪念品——木娃娃(玛特廖什卡),它几乎是俄罗斯传统工艺品的象征。

茶炊是俄罗斯人日常生活中不可缺少的一部分,它是温馨家庭的独特象征和支柱。俄罗斯有独特的饮食习惯,一日三餐,早餐比较简单,面包夹火腿,喝茶,咖啡或牛奶。午餐则丰富得多,通常都有三道菜。第一道菜之前是冷盘。第一道菜是汤,俄式汤类比较营养,有土豆丁、各类蔬菜,还有肉或鱼片。第二道菜肉类或是鱼类加一些配菜。第三道菜是甜点、茶、咖啡之类。按照俄罗斯的习惯,菜的顺序不能颠倒。俄罗斯人善饮伏特加酒。

在冰天雪地,女子脚蹬长统靴,腿穿单丝袜,身着超短裙,外套一件银狐或蓝狐大衣,是莫斯科冬天一景。不过莫斯科的风硬,必须带帽子。俄罗斯人很注重仪表,很爱干净,衣着整洁,出门旅行总要带熨斗。参加晚会、观看演出,俄罗斯人习惯穿晚礼服,尤其是看芭蕾舞剧,显得特别高贵。

俄罗斯人特别喜欢花。逢年过节或是去朋友那里做客都要买花,家中还种一些。他们也特别爱小动物,像猫、狗等。

俄罗斯人喜欢文学,酷爱读书。在汽车上、地铁里,随处可见看报、读书的人。很多俄罗斯人的家里都有丰富的藏书,有的甚至有自己的家庭图书馆。

二、西亚地区

土耳其

土耳其是个"万花筒",地理人种有东有西,文化建设有新有旧,随便捡一块石头就是 500 年前的,古迹处处,渗透出异样的美丽。

清真寺高耸入云的尖塔及 5 次的祈祷是许多游客对土耳其的第一印象。除此之外,大城市及沿海的土耳其人生活习惯和欧洲并无多大差别。土耳其是个好客的民族,在大城市问个路,会有好心人带你去,在乡村问个路留你喝杯茶甚至吃顿饭也是常事。

土耳其浴(Hamam)对土耳其人来说,可是一件大事,星期五上清真寺祈祷前、男人入伍前、结婚前,都得将身体清洗干净一番,而利用大理石传热的浴场空间更是交谊、恢复疲劳的好地方,所以土身其人上从素檀,下到平民百姓,人人都爱"哈玛"(土耳其浴)。

土耳其是穆斯林国家,伊斯兰教允许一夫多妻制。凯末尔革命后,法律禁止一夫多妻制。现在是一夫多妻与一夫一妻并存。对正式的、非宗教的结婚仪式不重视,而由教长主持的穆斯林仪式的婚礼则相当隆重。在土耳其,有些地方婚礼要持续好几天,另一些地方,结婚仪式又非常简单文雅。前者主要是在农村一些地方。

在土耳其骆驼格斗每年要举行两次,都是在雄骆驼发情的季节。格斗前,除了用饼喂骆驼外,还要用兑上酒精的水给它们喝。还不能让它接近异性,使其在斗前完全处于疯狂状态。

三、中亚地区

哈萨克斯坦

哈萨克斯坦在突厥语中意为"漂泊""避难",转意为"自由之民族"。

哈萨克斯坦生活着哈萨克族、俄罗斯族、乌克兰族、乌兹别克族、日耳曼族和鞑靼族等 131 个民族,其中哈萨克族占 53%。居民主要信奉伊斯兰教、东正教、基督教和佛教。哈萨克语为国语,俄语与哈萨克语同为官方用语。

哈萨克斯坦共和国位于亚洲中部,是中亚地区幅员最辽阔的国家。它北邻俄罗斯,南与乌兹别克斯坦、土库曼斯坦、吉尔吉斯斯坦接壤,西濒里海,东接中国,被称为"当代丝绸之路"的"欧亚大陆桥"横贯哈萨克斯坦全境。

由于特定的自然条件和社会环境,哈萨克族在生产和生活中形成了自己独特的风俗民情。

哈萨克斯坦男人夏天穿白衬衣、宽裤裆,戴绣花小帽,冬天穿毛皮大衣,高筒皮靴。妇女爱穿肥大连衣裙,肩绣花坎肩,头戴尖顶帽或插上羽毛。

纳乌鲁斯节即哈萨克斯坦春节,是哈萨克斯坦的传统节日。

(本章内容参见彩图 10-1～彩图 10-31)

参 考 文 献

[1] 巴兆祥.中国民俗旅游.福州:福建人民出版社,2006.

[2] 陈勤建.中国民俗学.上海:华东师范大学出版社,2007.

[3] 江帆.生态民俗学.哈尔滨:黑龙江人民出版社,2003.

[4] 林隆.110个国家的礼仪风俗.北京:中国城市出版社.2007.

[5] 刘修明.中国古代的饮茶与茶馆.北京:商务印书馆,1995.

[6] 刘秀梅,高照明.中外民俗.郑州:郑州大学出版社,2006.

[7] 陶立璠.民俗学概论.北京:中央民族学院出版社,1987.

[8] 田晓岫.中国民俗学概论.北京:华夏出版社,2003.

[9] 王树村.年画史.上海:上海文艺出版社,1997.

[10] 乌丙安.民俗文化新论.沈阳:辽宁大学出版社,2001.

[11] 乌丙安.中国民俗学.沈阳:辽宁大学出版社,1986.

[12] 吴忠军.中外民俗.大连:东北财经大学出版社,2001.

[13] 游明谦.中外民俗.郑州:郑州大学出版社,2002.

[14] 袁枚.随园食单.南京:江苏古籍出版社,2000.

[15] 张紫晨.中国民俗和民俗学.杭州:浙江人民出版社,1985.

[16] 赵杏根,陆怀湘.实用中国民俗学.南京:东南大学出版社,2005.